Matthias Hipler

Gefühle sind veränderbar

Vom richtigen Umgang mit Ängsten, Aggressionen, Schuld- und Minderwertigkeitsgefühlen

Die in diesem Ratgeber aufgezeigten Hilfen können nicht das therapeutische Gespräch ersetzen. Konsultieren Sie einen Arzt, wenn schwerwiegende körperliche Symptome vorliegen und wenden Sie sich an einen Therapeuten, wenn Sie unter starken psychischen Beeinträchtigungen leiden. Eine Haftung kann weder vom Verlag noch vom Autor übernommen werden.

Die Deutsche Bibliothek – CIP-Einheitsaufnahme

Hipler, Matthias:
Gefühle sind veränderbar: vom richtigen Umgang mit Ängsten, Aggressionen, Schuld- und Minderwertigkeitsgefühlen / Matthias Hipler. – Moers:
Brendow, 2000
(Edition C, C 567)
ISBN 3-87067-835-6

ISBN 3-87067-835-6
Edition C, C 567
© 2000 by Brendow Verlag, D-47443 Moers
Einbandgestaltung: Jens Vogelsang, Aachen
Titelfoto: Tony Stone/Jamey Stillings
Satz: Convertex, Stolberg
Druck und Bindung: Ebner Ulm
Printed in Germany

Inhalt

Im Labyrinth der Gefühle	7
Von Minderwertigkeitsgefühlen zu einem gesunden Selbstvertrauen	12
Gesichter der Angst	53
Mit Aggressionen leben lernen	92
Freiwerden von Schuldgefühlen	128

Im Labyrinth der Gefühle

Wir bekommen sie jeden Tag neu zu spüren: Die Kraft, die in unseren Gefühlen steckt. Gefühle machen uns lebendig. Sie bringen uns in Bewegung. Sie bereichern Beziehungen. Einmal werden wir von ihnen angenehm überrascht und beflügelt, ein andermal lassen sie uns kalt erschauern.

Auf der Sonnenseite der Emotionen blühen wir auf. Negative Gefühle verdrängen wir lieber. Frust- und Schuldgefühle törnen ab. Heiße Gefühle, wie Wut und Zorn können unserer Kontrolle entgleiten. Wir platzen lieber vor Selbstvertrauen, als von Minderwertigkeitsgefühlen niedergedrückt zu werden. Die Gefühlspalette ist breit. Zur Liebe gehört auch der Schmerz. Der Seele ist einmal nach Lachen und ein anderes Mal nach Weinen zumute. Ins Vertrauen mischt sich Angst. Siegergefühle sind nicht ohne Niederlagen zu haben. Die Welt der Gefühle erstreckt sich von paradiesischen Glücksgefühlen bis zur Hölle aus Verzweiflung und Angst. Und manchmal verirren wir uns im Labyrinth der Gefühle.

Verwoben mit der eigenen Gefühlsgeschichte

Jeder Mensch ist verstrickt in ein Netz von Gefühlen, das schon in Kindheit und Jugend geknüpft wurde. Erfahrungen, Prägungen und Ereignisse haben ihre Spuren im Gefühlshaushalt hinterlassen. Unsere Eltern waren unsere Gefühlstrainer. Durch ihr Vorbild und ihren Erziehungsstil haben sie uns den Umgang mit Gefühlen beigebracht: positiv wie negativ. In meiner therapeutischen Praxis berichten Klienten davon, welches Gefühlsmotto in ihrer Herkunftsfamilie vorherrschte, zum Beispiel:

„Über Gefühle spricht man nicht!"
„Männer weinen nicht!"
„Andere sind für meine Gefühle verantwortlich!"
„Brave Kinder sind gute Kinder!"

Eltern können Kinder darin bestärken, Emotionen freien Lauf zu lassen. Aber sie können auch bestimmte Gefühlsregungen für unerwünscht erklären, weil sie diese für unangebracht halten, indem sie zum Beispiel drohen: „Wenn du noch einmal so wütend wirst, kannst du was erleben!"

Ich möchte Ihnen deutlich machen, welche Prägungen aus der Kindheit dazu beigetragen haben, dass Sie heute mit Angst, Aggression, Schuld- und Minderwertigkeitsgefühlen zu kämpfen haben. Erziehungs- und Beziehungstipps schließen sich an. Sie sollen Ihnen Mut machen, Ihre Aufgabe als Gefühlstrainer Ihrer Kinder positiv wahrzunehmen. Ich zeige beispielhaft die Rolle der vier behandelten Gefühle in der Partnerschaft auf. Weil auch in der Beziehung zu Gott und zum christlichen Glauben Gefühle eine Rolle spielen, greife ich an einigen Stellen biblische Aspekte auf.

Der erste wichtige Schritt aus dem Labyrinth der Emotionen besteht darin, dass Sie sich Ihre Gefühle zugestehen. Sie fühlen, was Sie fühlen. Sie dürfen sich beispielsweise Ängste und Ärger erlauben, wenn Sie sich überfordert fühlen oder ein anderer Mensch Ihre Grenzen überschreitet und Sie verletzt.

Es gibt weder gute noch schlechte Gefühle. Sie sind für sich genommen wertneutral. Entscheidend ist vielmehr die Frage, wie Sie angemessen mit Ihren starken Empfindungen umgehen. Wut und Aggressionen können konstruktiv wirken, wenn sie geäußert werden, ohne andere zu verletzen. Sie zerstören Beziehungen, wenn sie darauf abzielen, einen anderen Menschen fertig zu machen. Angstsignale überhören kann in tödliche Gefahren bringen. Panische Angst vor harmlosen Situationen dagegen schafft einen enormen Leidensdruck.

Gefühle leben von der zwischenmenschlichen Interaktion. In der Art, wie wir mit uns und anderen umgehen, spielen Gefühle eine entscheidende Rolle. Was wir für einen anderen Menschen empfinden, entscheidet darüber, wie wir uns ihm gegenüber verhalten.

Mein Ziel ist es, Ihnen die Angst vor negativen Gefühlen zu nehmen. Sie brauchen keinen Bogen um das Bermuda-Dreieck negativer Emotionen zu machen. Wenn Sie Ihre Gefühle verdrängen, melden sie sich um so lauter wieder zu Wort. Gefühle brauchen Raum. Das gilt gerade für unliebsame, schmerzliche Empfindungen.

Wenn sich zum Beispiel Ängste und Minderwertigkeitsgefühle im Alltagsleben die Klinke in die Hand geben, wird es ungemütlich. Spätestens wenn der Gedanke an den nächsten Tag einem Angstschweiß auf die Stirn treibt, eine unfreundliche Bemerkung schmerzlich unter die Haut geht und man sich nicht traut „Nein" zu sagen, weil dann Schuldgefühle das Gewissen quälen, gerät man ins Wechselbad der Gefühle. Wenn die Gefühlswelt die Krise kriegt, ist das eine Chance zur Veränderung.

Gefühle sind veränderbar

Ich werde Ihnen keine Do-it-yourself-Methode vermitteln nach dem Motto: „Wenn du gut drauf bist, erlebst du Erfolge. Wenn du Erfolge erlebst, bist du gut drauf. Fühle dich unheimlich gut, dann bist du es auch!" Ich spreche vielmehr von den Gefühlszuständen, die gerade in Verbindung mit Niederlagen oder Krisen kommen.

Es geht um eine gute Balance zwischen positiven und negativen Gefühlen. Lernen Sie angemessen mit starker Wut, quälenden Schuldgefühlen, Selbstwertproblemen oder Alltagsängsten umzugehen. Ich möchte Ihnen grundlegende Zusammenhänge dieser Emotionen durchschaubar machen und alltagsnahe Tipps zu ihrer Bewältigung weitergeben.

Gewinnen Sie ein neues Gefühl für Ihre eigene Persönlichkeit. Werden Sie sensibler für die Emotionen anderer. Als Mutter oder Vater brauchen Sie ein Gespür für die Gefühle Ihrer Kinder. Als Partner sind Sie herausgefordert, an Ihrer emotionalen Beziehung zu arbeiten. Und am Arbeitsplatz beeinflussen Gefühle Ihre Leistung.

Die meisten Menschen glauben, Gefühle würden sie schicksalhaft überfallen. Plötzlich tauchen sie in bestimmten Situationen oder Ereignissen auf, sozusagen wie aus heiterem Himmel. Gefühle werden eher passiv erlebt. Sie scheinen einem zu widerfahren. Und weil sie so spontan und unvermittelt auftreten können, fühlen wir uns ihnen hilflos ausgeliefert. Im Nu geraten wir auf 180 oder fühlen uns plötzlich ohnmächtig und von Angst geschüttelt. Die gute Nachricht lautet, dass wir unsere Gefühle tatsächlich verändern können. Gefühle suchen uns eben nicht schicksalhaft heim, sondern sind häufig Ausdruck unserer Gedanken und spiegeln bewusste wie unbewusste Überzeugungen wider, die wir hegen. Wir fühlen, was wir denken. Wir fühlen uns schlecht, wenn wir negative Gedanken pflegen. Wir werden von Schuldgefühlen geplagt, weil wir uns für schuldig halten. Wir reagieren ängstlich, wenn wir etwas als gefährlich bewerten.

Das ABC der Gefühle

Anders ausgedrückt: Alle Gefühle funktionieren nach dem ABC der Gefühle. A steht dabei für Situationen oder Tatsachen, denen wir begegnen. B beinhaltet unsere persönliche Art, die Situationen oder Tatsachen zu bewerten. C meint die entsprechenden Konsequenzen, die wir für uns daraus ziehen und die damit verbundenen Gefühle, körperlichen Reaktionen und Verhaltensweisen. Die Tatsachen sind gegeben. Situationen treten ein. Sie lassen sich nur bedingt beeinflussen. Was wir verändern können, sind unsere Bewertungen. Sie finden zu jedem der vier behandelten Gefühle konkrete Alltagsbeispiele, wie negative Bewertungen zu negativen Gefühlen führen. Ich zeige Hilfen auf, wie unangemessene Bewertungen korrigiert werden können und die daraus resultierenden Gefühle sich verändern.

Ich wünsche Ihnen die Erfahrung, dass Sie Angst, Aggressionen, Schuld- und Minderwertigkeitsgefühle besser verstehen lernen und Schritte zu ihrer Bewältigung unternehmen. Die aufgezeigten Hilfen können Sie auf Ihre Alltagssituation anwenden. Dieser kompakte Ratgeber kann Ihnen Anstöße vermitteln, aber keine Therapie ersetzen. Er kann Sie ermutigen, das Gespräch mit einem kompetenten Seelsorger oder Therapeuten zu suchen.

Von Minderwertigkeitsgefühlen zu einem gesunden Selbstvertrauen

Vermutlich haben Sie das auch schon einmal erlebt: Eine unangenehme Situation, in der Sie inständig gehofft haben, dass die Erde sich auftut, um Sie augenblicklich verschwinden zu lassen. Genauso erging es einer jungen Krankenschwester: „Das war mir vielleicht peinlich: Einem durchgefrorenen Patienten, der sich bis zur Nasenspitze zugedeckt hatte, bot ich – ganz die fürsorgliche Krankenschwester – eine Wärmflasche für die Füße an. Er antwortete auf mein freundliches Angebot: ‚Für welche Füße?' Mein Patient hatte beide Unterschenkel amputiert! Nur eine Woche später kontrollierte ich bei diesem Patienten den Blutdruck. Weil der so hoch war, meinte ich flapsig zu ihm: ‚Mensch, Herr S., Sie haben ja einen hohen Blutdruck! Sind Sie hierher gejoggt?'"

Pleiten, Pech und Pannen finden wir irre komisch. Einzelne Missgeschicke verursachen noch keine Minderwertigkeitsgefühle. Aber der Spaß hört auf, wenn wir peinlich berührt reagieren. Den Tritt ins Fettnäpfchen können wir uns so schnell nicht verzeihen. „Warum muss das ausgerechnet immer mir passieren?" – „Die anderen halten mich wohl für bescheuert – und das zu Recht!" Wenn es uns dann doch gelingt, über solche Alltagskatastrophen zu lachen, kommt alles wieder ins Lot. Aber wenn wir uns bloßgestellt fühlen, haben wir noch lange daran zu knacken. Unser Selbstvertrauen rutscht in den Keller.

Reichen bei Ihnen schon Kleinigkeiten aus und Sie fühlen sich verunsichert? Der kritische Kollegenblick macht Sie misstrauisch. Die vermasselte Prüfung stempelt Sie zum Versager. Ihnen passiert ein blödes Missgeschick und Sie empfinden es als unverzeihlich. Ihr Partner macht eine taktlose Bemerkung und Sie fühlen sich empfindlich getroffen. In solchen Alltagssituationen spüren Sie, dass Ihr Selbstwertgefühl auf wackligen Beinen steht.

Profi in Nächstenliebe – in Selbstliebe Amateur

In Seminaren zum Thema „Selbstvertrauen" stelle ich den Teilnehmern folgende Frage: „Wie zeigen Sie einem anderen Menschen, dass Sie ihn mögen und ihn besonders wertschätzen?" Die Antworten sprudeln nur so: „Zeit widmen, Komplimente machen, loben, anlächeln, helfen, vorurteilsfrei gegenüber treten, gerne haben, ins Herz schließen, umarmen, für ihn interessieren, ermutigen, positiv über ihn sprechen..."
Es scheint kein Problem für uns zu sein, einem Menschen, den wir mögen, Liebe zu zeigen. Das lernen wir wie selbstverständlich schon im Sandkasten. Aber wie können wir lernen, uns selbst zu achten und zu mögen? Woran liegt es, dass wir Nächstenliebe perfekt buchstabieren, aber das Einmaleins der Selbstliebe nicht beherrschen?

Machen Sie sich einen Moment folgende Tatsache bewusst: Sie verbringen Ihr ganzes Leben mit sich selbst, mit jemandem, der es wirklich verdient, dass Sie ihn mögen. Er trägt Ihren Namen und wünscht sich, dass Sie gut mit ihm auskommen und liebevoll mit ihm umgehen. Zugegeben, er verhält sich nicht immer so, wie er sollte. Er ist eckig und kantig und manchmal baut er Mist. Einen Schönheitswettbewerb wird er vielleicht nie gewinnen. Im Vergleich mit anderen schneidet er durchschnittlich ab. Und nicht eben selten macht er Ihnen das Leben unnötig schwer.

Stellen Sie sich vor: Sie duschen morgens einen Menschen, den Sie nicht riechen können. Sie ziehen ihn an und finden nicht viel Anziehendes an ihm. Sie ernähren ihn ausgezeichnet, aber sein Selbstwertgefühl halten Sie auf Diät. Das gibt den totalen Krampf. Wenn Sie sich selbst nicht leiden können, müssen Sie gut leiden können – anders ist das nicht auszuhalten.

Ich bin bisher noch keinem Menschen begegnet, der mit sich hundertprozentig zufrieden gewesen wäre. Menschen, die sich immer nur toll finden, halte ich persönlich für ungenießbar. Nach meiner Erfahrung besitzen Leute, die äußerst selbstsicher erscheinen, verwundbare Stellen, an denen sie tief getroffen werden können.

Ich möchte Ihnen dabei helfen, ein liebevolles Empfinden für Ihre eigene Person zu entwickeln. Sie können lernen, sich wertzuschätzen. Begegnen Sie sich mit einer guten Portion Selbstachtung. Überwinden Sie Ihre Minderwertigkeitsgefühle. Stärken Sie Ihren Selbstwert. Ihr Leben gewinnt dadurch deutlich an Qualität.

Minderwertigkeit als Lebensgefühl

Alfred Adler erfand sozusagen den treffenden Begriff „Minderwertigkeitsgefühl". Er spielt in der von ihm entwickelten Individualpsychologie eine Hauptrolle. Jeder hat sie. Alle versuchen sie auszugleichen. Keiner ist völlig frei davon. Wie lästige Kletten kleben Minderwertigkeitsgefühle am Menschen. Und weil sich keiner gerne klein und unzulänglich fühlt, streben wir danach, die Minderwertigkeitsgefühle loszuwerden. Adler nennt das treffend „Überlegenheitsstreben". „Minderwertigkeitskomplex" meint das umfassende und hartnäckige Lebensgefühl, nichts wert zu sein. Es beschreibt eine entmutigte Haltung. Daran etwas zu ändern, erscheint für Betroffene außergewöhnlich schwer.

Einen objektiven Maßstab für Minderwertigkeitsgefühle gibt es nicht. Jeder von uns erlebt sie subjektiv. Unsere Sprache beschreibt eine breite Palette von Gefühlslagen, die einem geringen Selbstwertgefühl entspringen. Wenn Sie sich schüchtern, gehemmt und scheu fühlen, trauen Sie sich nichts zu. Misstrauen Sie den Menschen in Ihrer Umgebung, werden Sie sich zaghaft, befangen und unsicher verhalten. Solange Sie sich Ihres „Selbst" nicht sicher sind, glauben Sie stärker an Ihre Mängel als an Ihre Möglichkeiten.

„Selbst"-sicher trotz Unsicherheit

Selbstbewusst lebt, wer ein ausgeprägtes Gefühl für sein „Selbst" besitzt. Mit einer gesunden Portion Selbstbewusstsein müssen Sie nicht den coolen Typen spielen, der jede Klippe mit stoischer Gelassenheit nimmt. Selbstbewusste leisten sich durchaus kleine Unsicherheiten. Wenn Sie wissen, was Sie wert sind, können Sie beispielsweise Herzklopfen und Lampenfieber vor einem öffentlichen Auftritt nicht aus der Ruhe bringen. Und sitzen Sie einmal in der Tinte, kratzt das nicht gleich an Ihrem Selbstwertgefühl.

Minderwertigkeitsgefühle machen wertlos

Umgekehrt gilt: Wenn Sie sich minderwertig fühlen, stellen Sie häufig Ihren Wert als Person infrage. Wenn Ihnen zum Beispiel ein peinlicher Versprecher passiert, sind Sie der letzte, der sich das verzeihen kann. Je pessimistischer Sie denken, um so schneller stempeln Sie sich als Versager ab.

Wenn Sie sich selbst häufig ablehnen oder verneinen, gefährden Sie Ihren Selbstwert. Versagensängste und Beziehungsprobleme belasten Ihr Leben. Selbstwertstörungen können zu selbstzerstörerischen Handlungen führen.

Die Bandbreite der Gefühle, die auf einen mangelhaften Selbstwert zurückgehen, beginnt mit leichter Schüchternheit und endet im Selbst-Hass.

Menschen mit Minderwertigkeitsgefühlen leben unter dem drückenden Joch der unterschiedlichsten „Zu-Vorstellungen": zu groß oder zu klein, zu dick oder zu dünn, zu erfolglos, zu schlecht, zu unattraktiv, zu ungebildet. Gründe für selbst entwertende Überzeugungen gibt es so viele, wie es Menschen gibt.

Fünf Typen von Minderwertigkeit

1. Physische Minderwertigkeit:
z. B. Behinderungen, organische Beeinträchtigungen, körperliche Anomalien, Leistungsschwächen

2. Soziale Minderwertigkeit:
z. B. einer gesellschaftlichen Randgruppe angehören, in sozialen Brennpunkten leben, Scheidungswaisen, sich in seinem sozialen Prestige entwertet fühlen

3. Eingebildete Minderwertigkeit:
z. B. sich einen körperlichen Makel einbilden: Sommersprossen oder die Figur werden als minderwertig angesehen

4. Angeeignete Minderwertigkeit:
Eine zur Schau gestellte Minderwertigkeit wird benutzt, um eigene Ziele zu erreichen; durch eine Krankheit soll z. B. eine erhöhte Aufmerksamkeit erzielt werden

5. Kosmische Minderwertigkeit:
Der Mensch empfindet sich als winziges Staubkorn im unendlichen Universum; er erlebt z. B. Ohnmachtsgefühle angesichts von Naturkatastrophen

Futter für Minderwertigkeitsgefühle

Wer in eine Atmosphäre des Vertrauens hinein geboren wurde und darin aufwuchs, bildet ein gesundes Selbstvertrauen aus. Wer ungeborgen ins Leben geht, lernt schon früh, anderen Menschen zu misstrauen und sich selbst nichts zuzutrauen. Der Nervenarzt Michiaki Horie schildert anschaulich die Folgen fehlenden Urvertrauens: „Wo keine Geborgenheit ist, hat Entwurzelung stattgefunden. Da ist der Mensch wie eine Pflanze, die aus dem Erdreich gerissen wurde und verdorrt, abgetrennt von der Lebensquelle, die Kraft spendet. Und Unsicherheit schafft Angst, Aggression und Feindschaft. Der ungeborgene Mensch hat in sich keine Spannkraft, um mit Schwierigkeiten fertig zu werden. Er wird leicht zum Versager, zum Außenseiter der Gesellschaft" (Michiaki und Hildegard Horie, Ängste – Wie gehen wir damit um? Wuppertal, S. 33). Bereits das Kleinkind nimmt sehr genau wahr, wie Eltern und Geschwister mit ihm umgehen. Nehmen sie es bedingungslos an oder praktizieren sie eine ablehnende Haltung? Ihre Art des Umgangs prägt das Selbstbild des Kindes nachhaltig – zum Guten wie zum Schlechten.

Fünf Erziehungsstile, die Minderwertigkeitsgefühle verstärken und das Selbstvertrauen schwächen:

1. Überbeschützende Erziehung
Die Eltern räumen in gut gemeinter Absicht jedes Hindernis und alle Schwierigkeiten aus dem Weg ihres Kindes. Sie wollen es vor Frustrationen und schmerzlichen Niederlagen bewahren. Als Folge dieser über-behüteten Erziehung lernt das Kind nicht ausreichend die Herausforderungen des Lebens zu bestehen. Wer immer nur in Watte eingepackt wurde, den schmeißt schon der kleinste Windhauch um.

Ähnlich die verwöhnende Erziehungshaltung: Die Eltern tun alles für ihr Kind, erfüllen jeden Wunsch und nehmen ihm so die Chance, Frustgefühle auszuhalten. Im Gegenzug erwarten die Eltern, dass sich ihr Kind wunschgemäß verhält. So rauben sie ihm den Spielraum, die eigene Persönlichkeit auszubilden. Sie erziehen zur Anpassung.

2. Entmutigende Erziehung
„Du bist noch zu klein, zu schwächlich!" – „Das kannst du noch nicht!" Bei dieser entmutigenden elterlichen Grundeinstellung verkümmert das kindliche Selbstvertrauen. Das Kind

kann sich – bildlich gesprochen – nur mit angezogener Handbremse entfalten: „Weil mir meine Eltern nichts zutrauen, traue ich mir selbst nichts zu!" Es sammelt mehr entmutigende als Mut machende Erfahrungen. Verkümmert der Lebensmut, wachsen Hemmungen und Minderwertigkeitsgefühle.

3. Destruktive Verhaltensweisen
Alle Verhaltensweisen, die das Grundgefühl von Geborgenheit und Annahme vergiften, berauben das kindliche Selbstwertgefühl. Es erlebt sich unter Wert und verkauft sich unter Wert. Bloßstellung führt zu einem übertriebenen Schamgefühl. Verbale und physische Gewalt wirken extrem entwertend durch die Botschaft: „Ich strafe dich, weil du nicht so bist, wie du sein solltest." Eltern überschreiten die schützenden Grenzen ihres Kindes und nehmen ihm den Raum zur gesunden Entfaltung seiner Persönlichkeit.

4. Entwertende Bemerkungen
Das sind Sätze anderer, die auf das „Lindenblatt", die verletzlichste Stelle des Kindes oder Jugendlichen, treffen. Gleichaltrige können unbarmherzig und brutal direkt sichtbare Schwächen geißeln. „Du kannst ja aus der Dachrinne trinken!" – „Da kommt die Brillenschlange!" oder „Du hast eine Figur wie ein Brett!" Bemerkungen der taktlosen Art klingen manchmal lebenslang nach, weil sie zielsicher genau den wunden Punkt getroffen haben, für den sich der Betreffende selbst schon minderwertig fühlte.

5. Verzerrte religiöse Erziehung
Eltern können Gott als Hilfspolizisten in der Erziehung einsetzen. Die warnende Botschaft: „Gott sieht alles, ihm entgeht

kein Fehler!" produziert Angst und Minderwertigkeitsgefühle. Gott entlarvt mit detektivischem Gespür jede Schwäche und Sünde. Er scheint unnahbar fern und zugleich bedrohlich groß und nah. Biblische Maßstäbe werden vorrangig als Verbote ausgelegt. Das Ich des Menschen muss gebrochen werden. Selbstentfaltung wird als Egoismus verworfen. Jede religiöse Erziehung, die klein macht und in Ängsten gefangen hält, widerspricht dem biblischen Glaubens- und Gottesverständnis. Die Evangelien beschreiben eindrücklich, wie Gottes bedingungslose Liebe den Kindern gilt. Jesus wendet sich ihnen zu und hebt ihr kindliches Vertrauen als vorbildlich für die Erwachsenen hervor. Sie sind eben nicht zu klein, zu unwissend oder zu unbedeutend, um ihren Platz im Reich Gottes einzunehmen.

> „Im Rückblick auf meine Kindheit kann ich mich nicht an sehr viel Wertschätzung erinnern. Haften geblieben sind vor allem Gebote, ständige Warnungen: ‚Pass auf!' – ‚Das kannst du nicht!' – ‚Muss das sein?' etc. Ermutigende Gegenpole blieben aus. Ich habe innerlich geglaubt: ‚Sei gehorsam und mach, was man dir sagt! Sei schön brav und lieb, dann wirst du auch gemocht!' Als Ergebnis sind bis heute ein geringes Selbstbewusstsein und eine geringe eigene Wertschätzung haften geblieben. In kleinen Schritten lerne ich jetzt, ein Gefühl für mich selbst, meine Wünsche und meine Fähigkeiten zu entwickeln. Ich beginne zu begreifen, dass ich ein Recht habe auf ein glückliches, selbstgestaltetes Leben, das nicht immer jemand anderem gefallen oder nutzen muss. Heute bedeutet mir Wertschätzung durch andere besonders viel. Sie ist für mich überhaupt Voraussetzung für ein ‚gutes Gefühl'

> in meinem Leben. Ich sauge sie auf wie ein ausgetrockneter Schwamm das Wasser. Es gibt allerdings auch heute oft Zeiten oder Situationen, in denen ich Lob oder Komplimente überhaupt nicht annehmen kann. Ich höre die Worte dann so, als hätten sie überhaupt nichts mit mir zu tun."
> *Christina, 35 Jahre*

Jeder Mensch bewahrt im „Archiv" seiner Lebensgeschichte eine unendliche Zahl an Erinnerungen und Erfahrungen. Die Qualität dieser Erinnerungen entscheidet über die eigene Identität und das Selbstwertgefühl in der Gegenwart.

11 Mut-mach-Tipps für Eltern, die ihren Kindern Selbstvertrauen vermitteln wollen:

1. Lieben Sie Ihr Kind bedingungslos, so wie es ist!

2. Entdecken und fördern Sie seine Begabungen!

3. Trauen Sie ihm etwas zu und glauben Sie an Ihr Kind!

4. Praktizieren Sie ungeteilte Aufmerksamkeit. Schenken Sie Zeit mit Qualität!

5. Loben Sie Ihr Kind konkret für alles, was es gut macht.

6. Ermutigen Sie Ihr Kind zur Selbstständigkeit. Übertragen Sie ihm Verantwortung für Aufgaben, die seinem Alter entsprechen.

7. Sie fördern Ihr Kind, indem Sie es fordern! Geben Sie ihm die Chance zu echten Erfolgserlebnissen!

8. Vermeiden Sie entwertende Bemerkungen: „Du-kannst-bist-wirst-nichts!"

9. Stellen Sie keine Vergleiche mit „besseren" Kindern an: „Deine Schwester kommt in der Schule viel besser mit als du!"

10. Lassen Sie Ihr Kind für sich selbst sprechen!

11. Leben Sie als Mutter und Vater ein gutes Modell für eine gesunde Selbstachtung vor!

Das James-Bond-Syndrom: Wie Minderwertigkeitsgefühle ausgeglichen werden

Leinwand-Agent 007 vom britischen Geheimdienst ist ein Musterbeispiel für den immer siegreichen, smarten, potenten Typen auf Platz eins. Er spiegelt die Heldenträume vieler Menschen wider. Jeder sehnt sich danach, auf der Hitliste seiner Mitmenschen einen vorderen Platz zu belegen. Einmal aus dem Schatten der Bedeutungslosigkeit ins Rampenlicht treten: beachtet, ernst genommen werden, Konkurrenten übertreffen, besser ankommen als andere. Wie James Bond selbst in ausweglosen Situationen Herr der Lage bleiben, niemals aufgeben und unverwundbar den Schurken und Bösewichten Paroli bieten. Übermensch Bond weiß alles, nur nicht, wie sich Minderwertigkeitsgefühle anfühlen.

Im realen Leben entwickeln „normale" Menschen ihre eigenen Strategien, um Minderwertigkeitsgefühle auszugleichen. Weil es unerträglich ist, dauerhaft auf der Minusseite des Lebens zu vegetieren, suchen sie einen Weg aus dem Schatten ihrer Schwächen in ein bedeutungsvolleres Licht. Wer sich klein und wertlos empfindet, entdeckt früher oder später Möglichkeiten, seine Minderwertigkeitsgefühle ins Gegenteil zu verkehren. Er will Schwächen ausgleichen und beseitigen. Die Psychologie spricht von Kompensation. Dabei schießt man schnell über das Ziel hinaus. Man überkompensiert Minderwertigkeitsgefühle. Je schwächer man sich fühlt, umso stärker muss man dastehen, je kleiner man sich selbst sieht, umso größer will man gesehen werden. So verkehren sich Minderwertigkeitsgefühle ins Gegenteil. Minderwertigkeitsgefühle und Über-Kompensation gehören zusammen wie siamesische Zwillinge. Hinter jeder tollen Wurst verbirgt sich letztlich ein armes Würstchen! Vor einigen Jahren machten Manta-Fahrer-Witze die Runde. Diese Automobilisten mit einer besonderen Vorliebe für Breitreifen, Heckflügel, Fuchsschwanz an der Antenne und blonder Friseurin auf dem Beifahrersitz wirkten deshalb so komisch, weil ihr bescheidenes Ego auf protzigen Rädern daherkam. Nichts gegen Manta-Fahrer! Auch Sterne, GTIs und Tuning-Zubehör sollen Autofahrers Ego aufpolieren.

Über-Kompensationen dienen als Ersatzbefriedigungen. Sie sind keine echten Hilfen, um Selbstwertprobleme zu meistern.

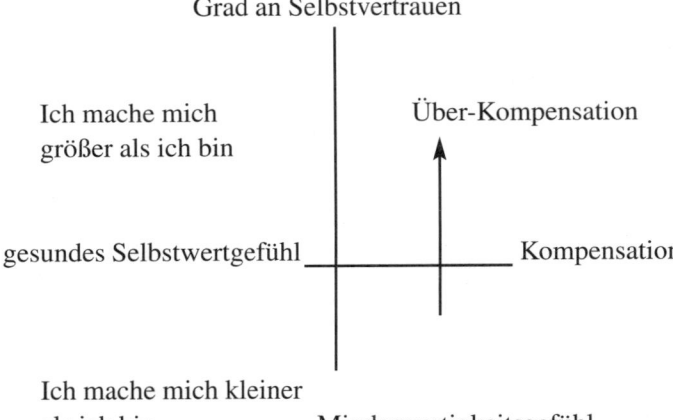

Ob Macht, Status, Leistung, Geld oder Anerkennung – alle Über-Kompensationen versprechen, den eigenen Wert zu steigern. Sicher erhöhen sie die Lebensqualität. Anerkennung und finanzielle Sicherheit tun gut. Tragisch wird es aber immer dann, wenn sie als vermeintliche Glücksbringer einen zentralen Stellenwert einnehmen. „Wenn ich dies oder jenes besitze oder erreiche, dann gewinnt mein Leben Wert, und ich bin glücklich!" Solange diese Attribute des Lebens den Selbstwert hochhalten, befindet sich der Mensch in tragischer Abhängigkeit. Wehe, wenn Erfolg oder Anerkennung ausbleiben. Dann stürzt der Selbstwert in sich zusammen.

Eine trügerische Selbstwert-Gleichung

In ihrer Gedanken- und Gefühlswelt rechnen sich die meisten Menschen ihren persönlichen Wert so aus:
Erbrachte Leistung + Anerkennung durch andere = Selbstwert.

Was ich leiste und wie ich mit den Augen anderer gesehen werde, summiert sich zu meinem Selbstwertgefühl. Leistung und positives Feedback gehören zum Leben selbstverständlich dazu. Das Gefühl, etwas zuwege zu bringen und wertgeschätzt zu werden, besitzt einen hohen Stellenwert. Wer aber seinen persönlichen Wert über diese Gleichung definiert, gerät in eine sklavische Abhängigkeit.

„Schaffst du was, dann bist du was!"
Das glaubt, wer sich an seiner Leistung orientiert. Mit jeder neu erklommenen Erfolgssprosse auf der Karriereleiter steigt auch der persönliche Wert. Die Gehaltsabrechnung drückt den Marktwert in Mark und Pfennig aus. Und auch der gesellschaftliche Status hängt an Symbolen, an denen Leistung und Erfolg gemessen werden. Zeig mir, wo du wohnst, wie du dich kleidest, wohin die Urlaubsreise geht und welches Auto du fährst – und ich sage dir, wie erfolgreich du bist. Das erzielte Einkommen entscheidet darüber, wie ich gesellschaftlich ankomme. Der Leistungsfaktor hängt für Männer tendenziell stärker von dem ab, was sie erwirtschaften und sich leisten können, während Frauen ihren Erfolg eher an ihrer Mutter- und Familienleistung festmachen oder der erzielten Attraktivität. Allerdings spielt der Joberfolg auch für sie eine zunehmende Rolle.

„Wirst du gemocht, dann bist du wer!"
Anerkennung zählt. Es kommt eben darauf an, gut anzukommen.

Was ich in den Augen der anderen darstelle, das bin ich wert. Je größer ihre Wertschätzung, um so positiver die Selbsteinschätzung. Natürlich muss es nicht immer der Sympathie-Applaus sein, der aufrichtet. Wer sich auf der Arbeit unentbehrlich macht, erntet Lorbeeren für seinen Einsatz. Ein anderer tut alles für die Familie. Er opfert sich auf, weil er insgeheim darauf hofft, dafür wertgeschätzt zu werden.

Das allzeit sonnige Naturell dient dazu, bei anderen schön Wetter zu machen. Dahinter verbirgt sich die Überzeugung: „Nur wenn alle mich mögen, mag ich mich selbst." Sonnenschein-Typen bekommen leicht die Krise, wenn sie abgelehnt werden. „Wenn mich einer nicht leiden kann, leide ich!" Wer allen zu gefallen sucht, hechelt nach klatschendem Publikum. Er hängt sein Fähnchen nach dem Wind. Nur wenn er seine Mitmenschen zufrieden stellt, kann er mit sich selbst zufrieden leben.

Die Gleichung „Leistung + Anerkennung = Selbstwert" steht auf wackligen Füßen. Sie funktioniert eine gewisse Zeit und gibt, was sie verspricht: ein gutes Gefühl! In der Konsequenz geht diese Rechnung aber nicht auf.

„Schaffst du nichts, dann bist du nichts!"
Leistungsdruck versklavt. Wer sich über seinen Erfolg definiert, setzt alles daran, noch mehr zu schaffen. Er bekommt nie genug. Er kann aber auch wie gelähmt verharren, weil er Angst hat Fehler zu machen. Mit einer Fehlentscheidung büßt er Sympathiepunkte ein.

Was passiert, wenn die Leistungsfähigkeit nachlässt? Wie wirken sich altersbedingte Schwächen oder leistungsmindernde Erkrankungen aus? Mit dem Karriereknick knickt auch der Selbstwert. Wer die Arbeit verliert, büßt seine Selbstachtung ein.

„Wirst du abgelehnt, bist du nichts wert!"
Ablehnung stürzt in die Krise. Dabei kann keiner wirklich allen gefallen. Aber niemand muss es allen recht machen. Wer der Gunst seiner Umgebung nachläuft, jagt ein Phantom.

Er reagiert überempfindlich auf Kritik. Dadurch sieht er seinen Wert infrage gestellt. Wer auf die Gunst der anderen schielt, spielt schnell verstecken. Im besten Licht erscheint, wer seine Schattenseiten verheimlicht. Fehler dürfen niemals publik werden. Nicht nur Politiker fürchten peinliche Enthüllungen. Alle, die um ihr Image besorgt sind, tragen die Maske des moralisch Guten und manchmal auch die des frommen Schauspielers.

Wer es aus dem Wunsch nach Anerkennung allen recht machen will, macht es letztlich niemandem recht. Nicht der smarte, glatte Typ, der sich um jeden Preis anpasst, gewinnt echte Wertschätzung. Echt und sympathisch wirkt, wer Fehler eingesteht und zu seinen Schwächen steht. Wer den Mut aufbringt, eigene Positionen gegen den Strom der Mehrheit zu vertreten, wird respektiert und anerkannt.

Letztlich glauben wir an eine Lüge, wenn wir nach Geltung und Selbstwert durch Leistung und Anerkennung streben. Das Problem ist: kaum einer lebt bewusst nach dieser Selbstwert-Gleichung. Doch unbewusst ist sie der treibende Motor für unser Handeln. Sie erzeugt Druck. Hinter der Fassade beruflichen Erfolges lauern Depression und Angst. Wenn der Applaus verebbt und der Vorhang fällt, ist jeder doch wieder mit sich selbst, mit seinen dunklen, schwachen Seiten allein.

Ein Beispiel, wie falsche Motive entlarvt werden können, finde ich im Neuen Testament. Dort wird beschrieben, wie Jesus seine Mitarbeiter davor warnt, ihren Selbstwert an Leistung oder Applaus festzumachen. Er streicht die unmenschliche Gleichung „Leistung + Anerkennung = Selbstwert". Er misst seinen Mitarbeitern einen Wert zu, der völlig unabhängig ist von dem, was sie schaffen oder wie sie ankommen.

„Als die siebzig Jünger zurückgekehrt waren, berichteten sie begeistert: ‚Herr, sogar die Dämonen mussten uns gehorchen, wenn wir deinen Namen nannten!' ‚Ich weiß', antwortete Jesus, ‚denn ich sah den Satan wie einen Blitz vom Himmel fallen. Ich habe euch die Macht gegeben, auf Schlangen und Skorpione zu treten und die Gewalt des Feindes zu brechen. Nichts wird euch schaden. Trotzdem: Lasst euch nicht davon beeindrucken, dass euch die Dämonen gehorchen müssen; freut euch vielmehr darüber, dass eure Namen im Himmel geschrieben sind!'" (Lukas 10,17-20).

Die Evangelien berichten, dass die VIPs dieser Welt für Gott nicht in der ersten Reihe sitzen, sondern zu den „Loosern" der Gesellschaft zählen: Prostituierte, Kranke, Behinderte, Menschen im gesellschaftlichen Abseits, an sich selbst Verzweifelnde. Nicht die beliebten, sondern die ungeliebten Typen wertet er durch seine Zuwendung in ihrem Selbstwert auf.

Acht Schein-Wege, um den Selbstwert zu sichern

Die folgenden beispielhaften Verhaltensweisen beschreiben Über-Kompensationen von Minderwertigkeitsgefühlen. Alle praktizieren diese oder andere Varianten, ohne dass dadurch das eigene Ego übermäßig aufpoliert werden soll. Keiner muss auf intelligente Kosmetik der Selbstsicherheit verzichten, solange sie in einem angemessenen Rahmen bleibt.

Kritisch gestalten sich diese über-ausgleichenden Verhaltensweisen aber immer dann, wenn der Selbstwert davon abhängig gemacht wird. Die unbewussten Überzeugungen, nach denen ich so sein muss oder jenes tun muss, damit ich mich wertvoll und anerkannt fühle, erweisen sich als brüchige Krücken, denn die Wurzel der Minderwertigkeit bleibt erhalten.

Der Besser-Wissi
Sein Credo lautet: „Ich muss immer Recht haben!" Es gibt nichts, was er nicht weiß, oder zumindest besser weiß, als die anderen. Er kommentiert in Oberlehrermanier, was andere sagen oder wie sie sich verhalten. Das letzte Wort muss ihm gehören, sonst fühlt er sich nicht stark. Er wertet andere durch seine altkluge Besserwisserei ab, um sich selber aufzuwerten. Im Berufsleben fühlen sich die Arbeitskollegen durch den Besser-Wissi geschulmeistert. Den Ehepartner putzt er durch ständiges Korrigieren und Kritisieren herunter. Besserwisserei isoliert, macht einsam und nervt andere.

Der Clown
Schon als Kind entdeckt er sein komödiantisches Talent, mit dem er auf sich aufmerksam machen kann. Er spielt den Klassenclown und erobert durch Charme seine Umgebung. Sein allzeit sonniges Gemüt verschafft ihm Beliebtheitspunkte. Die Überzeugung, „nur wenn ich spaßig bin, werde ich geach-

tet", setzt ihn manchmal unter Druck. Er glaubt, es sich nicht wirklich leisten zu können, allzu ernsthaft oder bedrückt zu wirken. Wenn Probleme oder Stimmungstiefs den Spaß verderben, bröckelt sein Selbstwert. Er steht in der Gefahr, sich zum Narren zu machen. Man nimmt ihn nicht mehr ernst. Wer um jeden Preis lustig sein muss, gibt eine traurige Figur ab.

Der Tagträumer
Weil er sich im realen Leben minderwertig vorkommt, träumt er sich fort in eine heile, bessere Welt. In seinen Tagträumen stellt er etwas dar und gleicht vorhandene Defizite aus. Erfolg, Bedeutung und Liebesglück kennzeichnen seine Phantasien. Alkohol, Medikamente, Sex oder andere Drogen dienen nicht selten als Fluchtvehikel. Mit ihrer Hilfe entkommt er verletzenden Erfahrungen, enttäuschenden Lebensumständen und schmerzlichen Misserfolgen seiner alltäglichen Wirklichkeit. Er gleicht sein geringes Selbstwertgefühl durch Größen- und Glücksphantasien aus. Je phantastischer die gebauten Luftschlösser, um so bitterer kehrt er auf den Boden der Wirklichkeit zurück.

Der Tyrann
Er lebt sein aus Minderwertigkeitsgefühlen gespeistes Geltungs- und Machtbedürfnis auf Kosten anderer aus. Im Berufsleben, in Partnerschaft und Familie muss er um jeden Preis gewinnen, auch wenn Beziehungen dabei auf der Strecke bleiben. „Nur als Boss habe ich einen Wert", glaubt der Tyrann und hält seine Mitmenschen deshalb klein und unmündig. Eine Spezies ist der Krankheitstyrann. Er miss-

braucht körperliche Leiden als Machtmittel. Seine Umgebung soll ihn anerkennen. Rücksichtnahme wird eingefordert.

Das Bedürfnis, zu beherrschen und den Ton anzugeben, verleitet tyrannische Typen dazu, verbale oder physische Gewalt anzuwenden. Sie benutzen erfolgreiche Verhaltensmuster, um vermeintlich Schwächere einzuschüchtern oder greifen zu gefährlichen Waffen, wie das folgende Beispiel zeigt:

Kampfhunde können als Imponierobjekt oder gefährliche Waffe von fragwürdigen Hundehaltern missbraucht werden. Frank Mangelsdorf kommentiert dazu: „Sieht man hinter die Fassaden, dann leben die Halter so genannter Kampfhunderassen oft am Rande der Gesellschaft, bepackt mit Minderwertigkeitsgefühlen, Alkoholproblemen, manche sogar mit kriminellen Erfahrungen. Für diese Menschen sind ihre vierbeinigen Begleiter letzte Möglichkeit vermeintlicher Anerkennung, das Einfordern von Respekt durch die gutbürgerliche Gesellschaft oder eben auch unverhohlene Drohung zur Durchsetzung eigener, scheinbar rechtmäßiger Ansprüche. Die anerzogene Aggressivität der Tiere macht oft die Gewaltbereitschaft ihrer Halter anschaulich" (Frank Mangelsdorf, Berliner Morgenpost vom 12.06.1998).

Der Kontrolleur
Er kompensiert Unsicherheit und Versagensängste durch ein ausgeprägtes Kontrollverhalten: „Nur wenn ich alles im Griff habe, kann ich mich selbstsicher fühlen!" Selbst- und Fremdkontrolle bestimmen sein Denken, Fühlen und Handeln. Dabei neigt er dazu, andere zu manipulieren. Auf seine Umgebung wirkt er sehr beherrscht und verstandesorientiert. Er fürchtet sich vor allzu viel Gefühl. Fremdbestimmung ist

ihm ein Gräuel. Sollte ihm aber einmal die Kontrolle entgleiten, fühlt er sich stark verunsichert und in seinem Wert bedroht.

Der Spaß-um-jeden-Preis-Typ
„Fun! Fun! Fun!" lautet sein oberstes Ziel. Hauptsache Spaß erleben. Man gönnt sich ja sonst nichts! Das gute Gefühl ist alles. Ob Bungeejumping oder Freeclimbing, er braucht den ultimativen Kick. Normal sein heißt langweilig sein. Adrenalin ist Champagner für sein Selbstbewusstsein. Frust- und Minderwertigkeitsgefühle verschwinden im Rausch der Geschwindigkeit. Wer allerdings immer nur Spaß und lustvolle Abwechslung sucht, dem vergeht sie irgendwann.

Der In-Typ
Er tendiert zur Anpassung. Was ist gerade in und hipp? Er läuft jedem Trend hinterher! Er schöpft sein Selbstwertgefühl aus der Zugehörigkeit zu einer bestimmten Gruppe. Ihr Kleidungs-, Musik- und Lebensstil definiert seine Identität. Beispielsweise weigern sich schon manche Erstklässler mit Händen und Füßen Turnschuhe anzuziehen, die nicht das gewünschte Markenzeichen tragen. Kleider machen Leute. Leute fühlen sich sicher, wenn sie sich konform kleiden.

Der Musterchrist
Er will christlicher, moralischer, einsatzbereiter erscheinen als andere. Mit verstecktem Hochmut stellt er sich über seine Mitmenschen. Er geißelt jeden Fehler, bei anderen und sich selbst. Seine Umgebung erlebt ihn über-gewissenhaft, über-

dogmatisch und über-fromm. In der Figur des selbstherrlich betenden Pharisäers, der sich über den verruchten Zöllner erhebt, hat Jesus ihm ein warnendes Denkmal gesetzt (Lukas 18,9-14).

Das ABC der Minderwertigkeitsgefühle

Minderwertigkeitsgefühle entstehen nach dem ABC der Gefühle. (A) steht für eine Situation oder Tatsache, die auf eine bestimmte Art bewertet (B) wird und als Konsequenz (C) zu selbstunsicheren Verhaltensweisen, Minderwertigkeitsgefühlen und damit verbundenen Körperreaktionen führt.

Menschen mit geringem Selbstvertrauen bewerten Situationen und Tatsachen häufig unangemessen und produzieren so Minderwertigkeitsgefühle. Die beiden folgenden Beispiele zeigen, wie eine angemessenere Bewertung (B) zu höherer Selbstachtung und mehr Selbstsicherheit führen:

Beispiel:
A. (Tatsache)
Martina ist alleinerziehende Mutter von zwei Kindern im Grundschulalter. Durch Gelegenheitsjobs hält sie ihren Haushalt gerade so über Wasser.

B. (Bewertung der Tatsache)
Martina wertet sich ab: „Ich bin nur Hausfrau und Mutter. Im Berufsleben leiste ich nicht wirklich etwas. Andere Frauen bekommen ihre Situation mit Kindern und Beruf viel besser unter einen Hut."

C. (Konsequenzen)
Sie fühlt sich unzufrieden, unzulänglich und schuldig dafür, dass sie ihren Kindern finanziell nicht mehr bieten kann. Im Vergleich mit anderen fühlt sie sich weniger wert.

Korrektur ihrer Bewertung:
„Ich leite ein kleines Unternehmen. Haushalt, Kindererziehung und Gelegenheitsarbeiten bilden eine Herausforderung, der ich mich gestellt habe. Ich beweise betriebswirtschaftliches Können, indem ich mit meinem sehr knapp bemessenen Haushaltsbudget auskomme."

Martina beginnt, sich für ihre Leistung wertzuschätzen. Sie stellt ihren Wert nicht mehr in Frage. „Als allein erziehende Mutter muss ich mit vielen Einschränkungen kämpfen. Es gibt keinen Grund, meinen Wert infrage zu stellen. Auch wenn meine Situation nicht einfach ist, gelingt es mir, das beste für mich und meine Kinder daraus zu machen."

Superman im Rollstuhl

Letztlich entscheiden nicht die objektiven Tatsachen darüber, was wir selbst und unser Leben wert sind. Entscheidend wirkt sich aus, mit welchen Augen wir sie sehen.

Die Rolle von „Superman" war dem amerikanischen Schauspieler Christopher Reeve wie auf den Leib geschrieben: Athletische Figur, markante Gesichtszüge und Power ausstrahlend. Als er sich 1995 bei einem folgenschweren Reitunfall einen Genickbruch zuzog, drohte für ihn alles zusammenzubrechen. Reeve überlebte. Seither lebt er an den Rollstuhl gefesselt und ist völlig abhängig von moderner

Gerätemedizin. Sein starker Überlebenswille bewahrte ihn davor, am Weiterleben zu verzweifeln. Der Schauspieler gewann neuen Lebensmut und sagt heute von sich selbst: „Ein Held ist ein gewöhnlicher Mensch, der die Kraft findet, sich mit Ausdauer und Beharrlichkeit in einer ausweglos scheinenden Lage zurechtzufinden" (zitiert in Psychologie heute, Mai 1999, S. 22). Weil er sich selbst nicht aufgegeben hat, ist er zum Vorbild für andere geworden, wie man ein schweres Schicksal meistern kann. Den Reitunfall und seine Folgen deutet „Superman" als größte Herausforderung seines Lebens.

Minderwertigkeitsgefühle in der Ehe

Partnerschaftliche Liebe lebt davon, dass einer den anderen respektiert und akzeptiert. Die Partner sagen zueinander „ja", so wie sie sind, mit Ecken und Macken. Nach meiner Erfahrung in der Paartherapie bedingen Selbstannahme und die Annahme des anderen einander. Nur wer sich selbst liebt, vermag auch den anderen wirklich zu lieben. Partnerliebe setzt Selbstliebe voraus.

Minderwertigkeitsgefühle wirken sich belastend aus. Eigene Unzufriedenheit trübt das Beziehungsklima. Der sich minderwertig Fühlende entwertet durch Kritisieren und Nörgeln den vermeintlich Stärkeren. Damit er sich größer fühlt, muss er den anderen klein machen. Er reagiert eifersüchtig. Es fällt ihm schwer, daran zu glauben, dass der andere ihn liebt. Sich selbst findet er wenig liebenswert. Krankhaft eifersüchtige Menschen drücken ein geringes Selbstwertgefühl aus. Wer sich selbst akzeptiert, braucht dem anderen nicht heimlich hinterher schnüffeln.

Partnerschaft lebt von einem partnerschaftlichen Verhältnis. Keiner darf allein dominieren und niemand darf dominiert werden. Liebe heißt nicht, den Fußabtreter des anderen zu spielen. In der Zweierbeziehung hat jeder das Recht und die Pflicht, seine einmalige Persönlichkeit auszubilden und zu entfalten.

Nur wenn Sie und Ihr Partner sich eine unabhängige Identität bewahren, kann ein gemeinsames Leben dauerhaft gelingen. Wenn Sie dazu neigen, in ihrer aufopferungsvollen Liebe zu Partner oder Kindern eigene Wünsche und Bedürfnisse hintenan zu stellen, bleiben Sie früher oder später auf der Strecke. Um für Ihre Ehe und Familie angemessen sorgen zu können, dürfen und sollen Sie auch gut für sich selbst sorgen.

Kultivieren Sie gemeinsame Interessen, die Ihnen beiden Spaß machen. Betonen Sie Gemeinsamkeiten, statt immer nur genervt darüber zu lamentieren, wie verschieden Sie doch sind. Liebe ist, wenn sich beide auf Augenhöhe begegnen und in die gleiche Richtung schauen.

Welche Folgen Minderwertigkeitsgefühle für die Partnerschaft haben können, beschreibt Walter Trobisch sehr eindrücklich:

„Wer sich selbst nicht lieben kann, wird seinem Partner als ein ständig fordernder Nimmersatt gegenübertreten, der nach der Liebe des anderen wie nach einem Medikament verlangt, ohne selbst etwas geben zu können oder zu wollen. So hart es klingen mag: Die Ehe ist kein Sanatorium für Liebeskrüppel. Dadurch allein, dass einer heiratet, kann er dem Mangel an Selbstliebe nicht abhelfen" (Walter Trobisch „Liebe dich selbst", Wuppertal 1975, S. 31).

Positive Kommunikation drückt Wertschätzung aus

Sie können die Chance Ihrer Liebesbeziehung nutzen, um einander Mut zu machen statt Mut zu rauben. Machen Sie sich Komplimente statt Vorwürfe. Gehen Sie verschwenderisch mit lobenden Worten und kleinen Schmeicheleien um. Lob und Anerkennung wirken wie Balsam für das Selbstwertgefühl des anderen. Viele Paare empfinden es als gekünstelt, sich täglich Komplimente zu machen. Sie lassen es aus Bequemlichkeit sein. Aber mit beeindruckender Beharrlichkeit äußern sie immer wieder von neuem die gleiche Kritik. Das Verhältnis von positiver zu negativer Kommunikation in zufriedenen, stabilen Ehen beträgt 5 : 1. Sie kommunizieren aufbauend miteinander, äußern ihre Gefühle und Gedanken, sprechen anerkennend mit und über den Partner. In Meinungsverschiedenheiten reagieren sie nicht gleich verletzt und nehmen Kritik nicht sofort persönlich. Sie reden einander zugewandt und verzichten darauf, um jeden Preis Recht zu behalten. Sie nehmen einander positiv wahr und stärken ihr Wir-Gefühl durch positive Kommunikation.

Minderwertigkeitsgefühle plagen Menschen nicht erst seit gestern. Schon zu biblischen Zeiten hatten Frauen wie Männer ihre liebe Mühe damit. Das Lukasevangelium berichtet von einem Mann mit Namen Zachäus und vermittelt beispielhaft seelsorglich-therapeutische Einsichten, über die es lohnt, nachzudenken.

„Als Jesus durch Jericho zog, liefen viele Menschen zusammen. Unter ihnen war Zachäus, der Oberaufseher über alle Zolleinnehmer. Er war sehr reich. Zachäus wollte Jesus

unbedingt sehen; aber er war sehr klein, und niemand machte ihm Platz" (Lukas 19,1-3).

Zachäus kannte drei Punkte in seinem Leben, die sein Selbstwertgefühl beeinträchtigten. Das erste war eine körperliche Minderwertigkeit. Er war ausgesprochen klein gewachsen. Dazu kam ein soziales Defizit. Er übte einen Beruf aus, der seinen Landsleuten verhasst war. Zöllner waren Halsabschneider, die möglichst hohe Zollgebühren verlangten, um ihren persönlichen Gewinn zu steigern. Und sein Beruf brachte es mit sich, dass er mit der verhassten römischen Besatzungsmacht kollaborieren musste. Er führte an sie eine Art Zollpacht ab und konnte im Gegenzug in eigener Regie Zölle nach Belieben erheben. Nach jüdischem Verständnis machte er sich die Hände schmutzig, da er mit Geld umging. Das machte ihn auch religiös minderwertig. So einen wollte man nicht im Gottesdienst dabei haben. Vermutlich hatten diese Tatsachen einige Minderwertigkeitsgefühle produziert.

Zachäus hatte eine Lebensphilosophie entwickelt, mit der er seinen Selbstwert ausgleichen wollte. „Wenn ich Macht besitze und es zu Reichtum gebracht habe, dann werden die Leute mich anerkennen und achten." Und nun hatte es Zachäus mit Geschick und langem Atem endlich zu etwas gebracht. Er war Chef beim Zoll. Prestige und Geltung inbegriffen. Er war vermögend und wohnte sicherlich in einer schmucken Villa. Wer angibt, hat mehr vom Leben. Jetzt war er nicht mehr der minderwertige Jude, sondern die Nummer eins.

Aber der erfolgsverwöhnte Zachäus irrt gewaltig. Die Leute fürchten ihn sicherlich, aber sie mögen ihn noch weniger. Als Jesus in die Stadt kommt, und Zachäus ihn sehen will, lassen sie ihn nicht durch. Jetzt zahlen sie es ihm heim.

Zachäus aber lässt sich nicht beirren. Er rennt voraus, klettert auf einen stabilen Maulbeerbaum und bezieht Beobachtungsposten.

Was er nicht alles anstellt, um Jesus zu sehen!

Vielleicht hat er durch Mundpropaganda gehört, dass Jesus seinesgleichen ohne Vorurteile begegnet ist. Ja, zu seinem vertrauten Mitarbeiterstab gehört sogar ein Ex-Zolleinnehmer, nämlich Matthäus.

„Als Jesus dort vorbeikam, entdeckte er ihn. ‚Zachäus, komm schnell herunter!' rief Jesus. ‚Ich möchte heute dein Gast sein!' Im Nu war er vom Baum herunter und nahm Jesus voller Freude mit in sein Haus" (Lukas 19,5-6).

Jesus entdeckt Zachäus. Aber er sieht nicht den Zollchef oder Millionär. Jesus sieht den Menschen. Er ruft seinen Namen. Zachäus soll herunterkommen vom Baum. Auf Augenhöhe mit Jesus.

Bei Jesus muss keiner mehr darstellen als er ist. Keiner hat es länger nötig, hoch hinaus zu kommen und seine Minderwertigkeitsgefühle über-auszugleichen. „Komm herunter vom hohen Ross deiner Besserwisserei! Verlass die Chefetage deiner Macht! Wach aus deiner imaginären Traumwelt auf!"

„Die anderen Leute empörten sich über Jesus. ‚Jeder weiß doch, dass Zachäus nur durch Betrug reich geworden ist! Wie kann Jesus nur dieses Haus betreten!' Zachäus wurde auf einmal sehr ernst: ‚Herr, ich werde die Hälfte meines Vermögens an die Armen verteilen, und wem ich am Zoll zuviel abgenommen habe, dem gebe ich es vierfach zurück.' Da sagte Jesus zu ihm: ‚Heute ist ein großer Tag für dich und deine Familie; denn Gott hat euch heute als seine Kinder angenom-

men. Du warst einer von Abrahams verlorenen Söhnen. Der Menschensohn ist gekommen, Verlorene zu suchen und zu retten'" (Lukas 19,7-10).

Unglaublich: Der Chefzöllner verschenkt die Hälfte seines Vermögens. Und übernimmt Verantwortung für seine Betrügereien. Was er früher einkassiert hat, gibt er jetzt freiwillig weg. Er weiß, was er wert ist, auch ohne das große Geld. Jesus spricht ihm einen Wert zu, den er in Gottes Augen hat und wertet ihn auf. Und Zachäus erlebt eine fröhliche Zufriedenheit, die unabhängig ist von Macht und Geld.

Die Geschichte von diesem Mann aus Jericho enthält den Schlüssel für ein geheiltes Selbstwertgefühl, für eine menschliche Würde, die niemand kaufen kann: Versöhnung. Versöhnt mit sich selbst, mit seiner Vergangenheit und seinen Schattenseiten. Versöhnung mit denen, über die er sich erhoben hat, Versöhnung mit seinem Schöpfer, weil er dem Versöhner begegnet ist. Weder therapeutische Arbeit noch Selbstsicherheitstraining, so hilfreich sie sind, bringen dieses Wunder zustande.

Zachäus wird kein anderer Mensch, aber einer, der andere Prioritäten setzt. Sein Beruf wird nicht leichter, aber er wird ihn erleichtert ausüben können.

11 Schritte zu einem gesunden Selbstwertgefühl

1. Unterscheiden Sie zwischen Problem und Person!
Stellen Sie sich einen Hund vor, der Probleme in Gestalt von Flöhen hat. Was soll sein Besitzer jetzt mit ihm machen? Er käme sicher niemals auf die unsinnige Idee, seinen Hund zu

schlachten, nur weil der ein Flohproblem hat. Stattdessen bekämpft er die kleinen Plagegeister.

Lernen Sie zu unterscheiden zwischen den Problemen, die Sie ärgern und Ihrer Person. Sie haben kein Recht, Ihr Selbstwertgefühl zu vernichten. Wenn Sie sich selbst zuzeiten an einem Punkt mit kritischen Augen betrachten, bleiben Sie bei dieser Sache. „Ich habe gestern den Geburtstag eines Freundes vergessen. Das war falsch. Deshalb bin ich noch lange kein unzuverlässiger Typ. Ich werde ihm heute gratulieren." Gehen Sie kritisch mit problematischen Verhaltensweisen um, aber gehen Sie nicht ins Gericht mit Ihrer Person.

Gerade wenn Sie sich mit Schwierigkeiten plagen, brauchen Sie ein gestärktes Selbstbewusstsein. Nur so können Sie Probleme anpacken und meistern.

2. Füllen Sie Ihren Platz aus!

Jeder Mensch wird in andere Lebensumstände hinein geboren. Wir konnten uns weder Eltern noch Hautfarbe oder soziales Umfeld aussuchen. Der Rahmen unserer Kindheit und Jugend wurde vorgegeben. Was wir aber aus unserem Leben machen, gehört in unsere persönliche Verantwortung. In der englischen Sprache gibt es ein schönes Wortspiel: „If life gives you lemons, make lemonade!" Es bedeutet soviel wie „Wenn dein Leben dir Saures gibt, mach Limonade daraus." Sie können sich nicht immer aussuchen, wie Ihre Lebensumstände beschaffen sind, aber Sie können versuchen, daraus das Beste zu machen. Wie Sie Ihren Platz im Leben ausfüllen, entscheidet darüber, wie Sie sich fühlen werden. Leben Sie Ihr Leben und lassen Sie sich nicht von anderen Menschen oder schwierigen Gegebenheiten leiten. Ihr Sein hat Sinn. Verabschieden Sie die irrige Meinung, dass Sie kein besseres Leben verdient haben. Sie müssen nicht mit Ihrer ungestillten Sehnsucht nach Glück und Selbstzufriedenheit alt werden.

Glauben Sie an Ihren Platz in dieser Welt. Entdecken Sie ihn mutig. Hoffen Sie darauf, etwas bewegen zu können. Geben Sie sich hinein in ihre Ehe und Familie, in Ihre Arbeit oder wo immer Sie heute zu Hause sind. Wenn Sie Ihren Platz nicht ausfüllen, wird es kein anderer tun.

> Als in einem Rundfunkinterview ein Student, der wegen einer Conterganschädigung verkürzte Arme hatte, von der Moderatorin gefragt wurde, ob er auch unschöne Reaktionen seiner Umwelt erleben würde, antwortete er: „Als ich von der Uni mit dem Rad nach Hause fuhr und links abbiegen wollte, rief ein Passant: ‚Ins KZ geht's rechts!'"
> „Und wie gehen Sie damit um?", fragte die Interviewerin betroffen. Selbstbewusst antwortete der Student: „Was kümmert es eine deutsche Eiche, wenn sich eine Sau daran reibt!"

3. Gehen Sie gut mit sich um!

Fernseh-Pfarrer Jürgen Fliege verabschiedet regelmäßig seine Talk-Gäste mit der Aufforderung: „Passen Sie gut auf sich auf!" Jeder passt auf den Menschen besonders gut auf, der ihm viel bedeutet: gehen Sie daher gut mit Ihrem Selbstwertgefühl um. Wer sorgsam mit sich selbst umgeht, ist kein Egomane.

Wer sich ständig herunterputzt, muss sich für einen Mensch halten, der es nicht verdient, dass man auf ihn Acht gibt. Je behutsamer Sie mit Ihrer Person umgehen, umso besser passen Sie auf sich auf. Halten Sie sich für einen Menschen, den Sie lieben. Tun Sie sich Gutes. Gönnen Sie sich alles das, was Sie einem lieben Menschen nicht vorenthalten würden: ein gutes Buch, einen edlen Schluck Wein, eine Auszeit vom Alltagsstress bei einem Spaziergang, eine Runde im Schwimmbad.

Woran wird Ihre Umgebung erkennen, dass Sie gut mit sich umgehen und auf Körper, Seele und Geist achten?

Notieren Sie Ihre Ideen, wie Sie sich selbst Gutes gönnen können.

4. Geben Sie Komplimenten eine Chance!

Wie gut können Sie mit Komplimenten umgehen, die Ihnen gemacht werden? Gehören Sie eher zu den Genießern, die gar nicht genug gelobt werden können oder macht sich bei Ihnen eher ein unbehagliches Gefühl im Bauch breit? Menschen, die beständig nach Applaus gieren, können leicht zu Schauspielern werden. Wer allerdings Komplimente und Applaus völlig ablehnt, weil er glaubt, sie seien nicht echt, immunisiert sich selbst gegen die Wertschätzung durch andere.

Zu einem gesunden Selbstwertgefühl gehört die Fähigkeit, Anerkennung und Wertschätzung anzunehmen und sich einfach nur darüber zu freuen. Wer nicht auf Komplimente steht, weil er dahinter Schneckentypen wittert, die sich nur einschmeicheln wollen, wird lobresistent. Kriecher mag es vereinzelt geben. Die meisten Komplimente wollen aber nur eins: Ihnen sagen, dass Sie es verdienen, gelobt und anerkannt zu werden. Was Sie gut gemacht haben, ist immer der Lobrede wert. Es geht nicht darum, was andere besser oder genauso gut machen, sondern um Ihre Leistung. Was der andere herausstreicht, dürfen Sie nicht durchstreichen.

Kritik wird gleich auf die Goldwaage gelegt. Dabei wiegt ein Gramm Lob mehr als ein Zentner Kritik. Sie verdienen, wertgeschätzt zu werden. Geben Sie Komplimenten eine

Chance – ohne Wenn und Aber. Beim nächsten Mal akzeptieren Sie es einfach: „Danke für dein Kompliment! Ich freue mich darüber und nehme es gerne an!"

5. *Entlarven Sie Ihren inneren Kritiker*
Jeder von uns hört im Lauf seines Lebens eine Vielzahl an entmutigenden Botschaften. So hört ein Kind in den ersten vier Lebensjahren durchschnittlich 40 000 Sätze wie: „Setz dich anständig hin!" „Du trödelst viel zu lange!" „Wie siehst du nur wieder aus!" „Lass mal, das kannst du noch nicht richtig!" Diese oft gut gemeinten erzieherischen Aussagen haben eines gemeinsam: Sie sagen dem Kind: „So wie du bist und dich verhältst, bist du nicht in Ordnung!" Unablässig wiederholte Kritik brennt sich tief ins kindliche Gedächtnis ein. Wir haben in jungen Jahren angefangen daran zu glauben, was die Erwachsenen uns gesagt haben.

Kennen Sie diese innere Stimme, die es meisterlich versteht, an Ihnen herumzunörgeln? Dieser innere Kritiker fühlt sich berufen, unablässig seinen nörgelnden Senf dazu zu geben. Obwohl Sie heute erwachsen sind, ist die innere Stimme nicht verstummt. Sie redet Ihnen mit jenem tadelnden Unterton ins Gewissen, wie es Mutter früher tat. Sie mäkelt an Ihrem Verhalten, wie Sie es vom Großvater kennen. Der innere Kritiker berichtigt, korrigiert, staucht zusammen, prangert an und verdammt.

Entlarven Sie den inneren Kritiker als das was er ist: als Lügner! Schenken Sie seinen Botschaften kein Vertrauen. Sie untergraben Ihr Selbstvertrauen. Der innere Schulmeister lässt sich nicht per Knopfdruck stumm schalten. Wenn Sie ihn aber entlarven und wissen, mit wem Sie es zu tun haben, sind Sie heute in der Lage, ihm Paroli zu bieten. Führen Sie einen inneren Dialog mit dem ewigen Nörgler. Greift er beispielsweise Ihre Art Ordnung zu halten an: „Du bist viel zu schlampig. Du hast es noch nie geschafft, Ordnung zu halten. Schau dir nur mal deine Wohnung an!", dann halten Sie seinen negativen Botschaften positive Argumente entgegen: „Ich finde mich mit meiner Ordnung zurecht. Nein, die Wohnung gleicht keiner Mülllade. Den Altpapierstapel werde ich entsorgen und den Wohnungsputz habe ich regelmäßig gemeistert! Gerade weil ich berufstätig bin, kann ich stolz darauf sein, dass ich das alltägliche Chaos so gut im Griff habe! Ich erlaube dir nicht, auf meinem Selbstwertgefühl herumzutrampeln!"

Geben Sie positiven Gedanken und Selbstgesprächen mehr Raum. Verleihen Sie Ihrer selbstbewussten Seite eine kräftige Stimme. Streichen Sie durch, was der innere Kritiker Ihnen ankreidet. Setzen Sie an die Stelle entmutigender Botschaften Mut-mach-Gedanken!

6. Stehen Sie zu Ihren Fehlern!
Wir neigen dazu, unsere allzu menschlichen Seiten ein bisschen zu schönen, wie ein erheiterndes Beispiel zeigt:

Eine Nonne erzählt den Erstklässlern in schillernden Farben von den Vorzügen des geistlichen Standes und Klosterlebens. Als sie ihren Vortrag beendet und Fragen gestellt werden können, meldet sich ein Schulkind tief beeindruckt zu Wort: „Frau Nonne, musst du dann eigentlich noch aufs Klo gehen?" Die Ordensfrau überlegt einen Moment. Sie will ihre Ausführungen nicht schmälern und antwortet: „Ja, schon – aber nicht mehr so oft!"

Fehler pflastern unseren Weg. Kein Mensch ist perfekt. Ein Computer arbeitet fehlerfrei – meistens jedenfalls! Maschinen funktionieren, aber wir leben. Irren ist menschlich. Wer verbietet Ihnen eigentlich, was falsch zu machen?

Andere oder Sie selbst? Fehler machen Probleme, wenn wir nicht angemessen mit ihnen umgehen. Versuchen Sie nicht krampfhaft, unfehlbar zu sein. Es wird Ihnen nicht gelingen! Diese Messlatte liegt unüberwindlich hoch. Haben Sie den Mut, sich Pannen einzugestehen. Andere tun es ja auch.

Pater Anselm Grün schreibt: „Wenn ich mir jede Schwäche verbiete, muss ich ständig in der Angst leben, doch zu versagen. Wenn ich aber weiß, dass sich Gottes Gnade sowohl in meiner Stärke als auch in meiner Schwachheit zeigen kann, dann darf ich getrost meine leeren Hände öffnen und sie Gott hinhalten. Dann werde ich einen tiefen inneren Frieden erfahren und die Freiheit vom Zwang, mich selbst vervollkommnen zu müssen" (Anselm Grün, Selbstwert entwickeln – Ohnmacht meistern, Stuttgart 1995, S. 126f).

Wenn Sie zum Beispiel einen Termin vergessen, ist das ärgerlich, aber kein Grund, sich zu verdammen. Ich bin sicher, dass Sie beim nächsten Mal besonders gewissenhaft im Terminkalender nachschauen werden. Verwenden Sie Ihre Energie darauf, es künftig besser zu machen, statt sich mit Selbstvorwürfen zu quälen.

Ein Rat des Psychotherapeuten Reinhold Ruthe ist Balsam für die fehlergeplagte Seele: „Nicht Fehlerlosigkeit ist mein Ziel, sondern aus größeren Fehlern kleinere zu machen!"

Widmen Sie zehn Prozent Ihrer Kraft der Fehleranalyse, aber neunzig Prozent auf die Weiterentwicklung.

Menschen mit Selbstvertrauen wissen, dass sie Schwachstellen haben. Indem sie ehrlich dazu stehen, beweisen sie echte Stärke.

Minderwertigkeitsgefühle verführen dazu, Fehler zu vertuschen, Mängel zu retuschieren, Fehlleistungen anderen in die Schuhe zu schieben.

Der Geschäftsführer eines mittelständischen Unternehmens setzt auf Offenheit: „Ich lege großen Wert darauf, dass meine Mitarbeiter den Mut zeigen, ihre Fehler zuzugeben. Wenn einer zu mir kommt und erklärt, dass er Mist gebaut hat, werde ich ihn dafür nicht kritisieren. Wer aber so tut, als würde er immer alles richtig machen und seine Schnitzer unter den Teppich kehrt, beweist damit eine mangelhafte Arbeitseinstellung!"

7. Machen Sie Schluss mit Selbstvorwürfen!
Schreiben Sie einmal alle Vorwürfe auf, die Sie an Ihre eigene Adresse gerichtet haben. Denken Sie an Situationen, in denen Sie sich negativ beurteilen. Wie haben Sie sich fertig gemacht, weil Sie etwas nicht fertig brachten?

Nachdem Sie alle negativen Aussagen notiert haben, reißen Sie Ihre Vorwurfsliste in viele kleine Stücke. Sie machen damit deutlich, wohin Ihre Selbstverurteilungen gehören: in den Mülleimer!

Streichen Sie Selbstbezeichnungen wie Niete, Null, Flasche, Versager, Blödmann aus Ihrem Wortschatz. So schaffen Sie in Ihren Gedanken und Gefühlen neuen Platz. Er soll ihren Stärken und positiven Seiten gehören, die es schon lange verdienen, beachtet zu werden.

Nehmen Sie ein neues Blatt Papier und schreiben Sie alle Stärken, Leistungen und gute Erfahrungen auf. Notieren Sie eine Woche lang jeden Erfolg, den Sie erzielen, und sei er noch so klein.

8. Hören Sie auf, sich zu vergleichen!
Wer vergleicht, spielt sich und anderen übel mit. Schaue ich auf den, der stärker, besser, erfolgreicher ist, fühle ich mich unterlegen. Als dessen „Sparausgabe" erlebe ich mich minderwertig. Blicke ich auf einen Schwächeren herab, machen

sich bei mir arrogante Gedanken breit. Ich trete seinen Wert mit Füßen.

Wozu vergleichen? Um besser dazustehen als andere? Um mich selbst zu deprimieren?

Dabei kommt alles Übel aus dem Vergleich. Wir beurteilen und verurteilen uns selbst und andere. Der Schlüssel zu einem ausgewogenen Selbstwertgefühl lautet: „Ich bin ich, und du bist du!" Wenn Sie mit dieser inneren Haltung leben, dann akzeptieren Sie, dass jeder Mensch einfach nur anders ist – weder besser noch schlechter.

9. Setzen Sie sich realistische Ziele!

Im Blick auf mehr Selbstvertrauen geht es nicht um Schritte im Siebenmeilenstiefel-Takt. Entscheidend ist die Richtung, in die Sie sich bewegen. Kleine Schritte bringen weiter, wenn die Richtung stimmt.

Die folgende Skala hilft, realistische Ziele zu formulieren und erforderliche Veränderungen in einem überschaubaren Rahmen anzupacken.

Wie schätzen Sie heute Ihr Selbstvertrauen auf einer Skala von 0 – 10 ein?

0 bedeutet: „Ich habe keinen Funken Selbstvertrauen!"

10 bedeutet: „Ich bin mit meinem Selbstvertrauen absolut glücklich und zufrieden!"

| 0 | 1 | 2 | 3 | 4 | 5 | 6 | 7 | 8 | 9 | 10 |

- Wo hätten Sie Ihr Selbstvertrauen vor einem Jahr eingeordnet?

- Ist es nach Ihrer Einschätzung gleich geblieben oder hat es sich verändert?

- Welche Folgerungen können Sie daraus ziehen?

- An welcher Stelle werden Sie in einem Jahr stehen?

- Angenommen, Sie ordnen Ihr aktuelles Selbstvertrauen bei 5 ein – was müssen Sie unternehmen, um von 5 auf 6 zu kommen?

- Notieren Sie bitte alle Veränderungsschritte, wie Sie dorthin gelangen können.

- Welchen Schritt wollen Sie als nächstes in Angriff nehmen?

10. Versöhnen Sie sich mit Ihrem Körper!

Der alttestamentliche König David beschreibt in einem Gebet, warum unser Körper ein kostbares Geschenk ist:

„Du hast mich geschaffen – meinen Körper und meine Seele, im Leib meiner Mutter hast du mich gebildet. Herr, ich danke dir dafür, dass du mich so einzigartig und wunderbar gemacht hast! Großartig ist alles, was du geschaffen hast – das erkenne ich! Schon als ich im Verborgenen Gestalt annahm, unsichtbar noch, kunstvoll gebildet im Leib meiner Mutter, da war ich dennoch nicht verborgen. Als ich gerade erst entstand, hast du mich schon gesehen. Alle Tage meines Lebens hast du in dein Buch geschrieben – noch bevor einer von ihnen begann!" (Psalm 139, 13-16)

David konnte sich als Geschöpf des Schöpfers annehmen. Er wusste: „Ich bin gewollt, so wie ich bin!" Erst durch unseren Körper können wir in Kontakt mit unserer Umwelt treten und mit anderen kommunizieren. Unser ganzes Leben lang gibt er uns ein Zuhause. Er macht uns zu Menschen mit menschlichem Angesicht.

Betrachten Sie Ihren Körper nicht länger als ungeliebten Feind. Schließen Sie Freundschaft mit ihm. Söhnen Sie sich mit Ihrer äußeren Gestalt aus. Wenn Sie in den Spiegel schauen, erblicken Sie einen Menschen, den Gott liebt.

Sicher fallen Ihnen kleine Mängel und Schönheitsfehler auf – Claudia Schiffer ergeht es nicht anders. Welche Kriterien gibt es überhaupt für Schönheit? Nicht äußere Merkmale machen Sie zu einem wertvollen Menschen, sondern die innere Haltung, die nach außen strahlt. Ausstrahlung geht vor Figur. Mit einem Lächeln gewinnen Sie das Herz eines anderen Menschen. Ein tadelloser Körper kann nicht mehr, als nur die Augen faszinieren.

Tun Sie Ihrem Körper Gutes! Achten Sie auf ihn. Er verdient es, dass Sie sorgsam mit ihm umgehen.

11. Suchen Sie sich einen Vertrauens-Trainer!

Ein anderer Mensch kann Ihnen Ihre Minderwertigkeitsgefühle nicht einfach wegzaubern. Das wäre zu schön. Niemand kann den Weg zu mehr Selbstvertrauen an Ihrer Stelle beschreiten. Sie allein sind dafür zuständig. Ihnen gehört die Verantwortung. Aber gerade weil der Weg vom Minderwertigkeitsgefühl zum Selbstvertrauen nicht leicht ist, sollten Sie sich Unterstützung suchen. Das kann der verständnisvolle Partner oder Freund sein, ein Seelsorger oder Therapeut. Hauptsache, Sie fühlen sich durch Ihren Trainer ernst- und angenommen. Sie brauchen eine Tankstelle, an der Sie Vertrauen und Zuwendung tanken können: eine Gesprächsgruppe zum Erfahrungsaustausch oder die Gemeinschaft in einer christlichen Gemeinde können Sie immer wieder motivieren.

Einige praktische Ratschläge für mehr Selbstsicherheit:
- Sehen Sie sich selbst als Original, das liebenswert einzigartig ist.
- Planen Sie Zeit für sich ein und gönnen Sie sich „Ihre Momente".
- Konzentrieren Sie sich auf Ihre Stärken und entfalten Sie Ihre Talente.
- Sorgen Sie gut für sich, ohne andere aus dem Blick zu verlieren.
- Wenn es Ihnen gelungen ist, eine selbstsichere Verhaltensweise zu praktizieren, dann belohnen Sie sich für diesen Erfolg.
- Machen Sie Ihren Mitmenschen deutlich, dass Sie fair und gerecht behandelt werden wollen.
- Verzichten Sie auf Selbstvorwürfe, wenn Sie sich unsicher verhalten haben. Selbstvertrauen braucht Zeit, um sich zu entwickeln. Betrachten Sie Schwierigkeiten als Wachstumshilfen.
- Gehen Sie auf andere Menschen zu. Sie sind nicht der einzige mit Minderwertigkeitsgefühlen. Helfen Sie anderen und Sie stärken auch Ihr Selbstvertrauen.

Gebet

Gott, ich danke dir, dass du mich so annimmst, wie ich bin. Du sprichst dein großes „Ja" zu mir, trotz meiner Fehler, Schwächen und Minderwertigkeitsgefühle. Ich nehme mich an, so wie du mich angenommen hast. Die Liebe, mit der dein Sohn Jesus einen Zachäus aufgerichtet hat, gilt auch mir. Ich will lernen, mich mehr zu lieben, weil ich geliebt bin. Ich werde meinen Platz ausfüllen, weil du mir Fähigkeiten geschenkt hast. Du hast etwas Gutes mit mir vor. Ich will zu dir halten, weil du mich hältst. Ich will lernen, mich mit meinen Fehler zu ertragen, weil du mich trägst. Danke, dass du mir dein Vertrauen schenkst!
Amen

Gesichter der Angst

Ich erinnere mich noch gut an die Zeit, als meine älteste Tochter zu sprechen begann. Einmal, als gerade der Staubsauger auf Hochtouren lief, schrie sie plötzlich laut auf: „Angst! Angst!" Das laute Geheule hatte ihr einen furchtbaren Schrecken eingejagt. Kinder verfügen über einen angeborenen Angstreiz bei lauten Geräuschen. Das Wort „Angst" gehört zu den ersten, die sie lernen. Im Erwachsenenalter fürchten sich höchstens noch Macho-Männer vor dem Staubsauger.

„Angst" – das ist ein Hauptwort unseres Lebens. Im Internet finden sich mehr als 135 000 Einträge unter diesem Stichwort. Wie Glück, Freude, Wut oder Trauer schreibt auch die Angst an unserer Lebensgeschichte mit.

Als ein aufmerksamer Begleiter alarmiert sie uns bei drohenden Gefahren, damit wir angemessen reagieren können. Eine gesunde Portion Angst ist notwendig. Zu einem furchtlosen Autofahrer würde ich mich jedenfalls nicht auf den Beifahrersitz setzen.

Angst ist nicht gleich Angst. Sie trägt viele Gesichter. Krankhafte Ängste sind nicht wie Windpocken, die man sofort erkennen kann. Manchmal liegen sie versteckt hinter Isolation, Vereinsamung, Schlafstörungen oder depressiven Verstimmungen. Nach Schätzungen werden allein in Deutschland jedes Jahr 5000 Tonnen Schlaftabletten geschluckt.

Wenn unsere Ängste nicht mehr in einem angemessenen Verhältnis zu realen Gefahren des persönlichen Alltags stehen, verursachen sie seelische Qualen. Dann haben wir unsere Angst nicht mehr unter Kontrolle, sondern sind in ihren Würgegriff geraten.

Angstgefühle und Befürchtungen sind das tägliche Brot für viele Menschen. Laut einer Umfrage des Nachrichtenmagazins FOCUS bangen 67,6% aller Arbeitnehmer um ihren Arbeitsplatz. 67,4% quält die Sorge, krank zu werden oder einen Unfall zu erleiden. 59% fürchten sich davor, einen Fehler zu machen (FOCUS 18/97, S. 71).

Die Angst geht um und sucht sich immer neue Opfer. So kreieren Werbefachleute beständig neue Ängste, indem sie den Konsumenten glauben machen wollen, er müsse erfolgreich, gutaussehend, vital und im Besitz der jeweils neuesten Trendprodukte sein, um glücklich zu werden.

Die alltäglichen Ängste machen sich auch selbsternannte Heilspropheten zunutze: Sie behaupten, ein völlig angstfreies Leben sei möglich und verkünden, man müsse nur jenes tun und anderes lassen, damit sich alle Ängste für immer verabschieden.

Aber mit ermunternden Sprüchen und wohlgemeinten Ratschlägen läßt sich die Angst nicht verscheuchen.

Ein Mann geht zum Zahnarzt und klettert mit schlotternden Knien auf den Behandlungsstuhl. „Nun seien Sie mal ganz ruhig", sagt der Zahnarzt, „Es wird ganz bestimmt nicht wehtun!" – „Lassen Sie Ihre blöden Witze", fährt der Patient ihn an, „ich bin selber Zahnarzt!"

Ich bin überzeugt davon, dass eine angstfreie Welt ebenso ins Reich der Fiktionen gehört, wie die Vorstellung, im persönlichen Alltag dauerhaft von Angstgefühlen verschont zu bleiben.

Jesus hat seinen Jüngern empfohlen, auf dem Boden der Tatsachen zu bleiben, als er sagte: „In der Welt habt ihr Angst;

aber verliert nicht den Mut: ich habe die Welt besiegt" (Johannesevangelium, Kapitel 16, Vers 33, eigene Übersetzung).

Ich möchte Ihnen zunächst die verschiedenen Angstformen vorstellen und anschließend Wege aufzeigen, die Ihnen dabei helfen können, Schritte aus dem Irrgarten der Angst zu wagen.

Haben Sie den Mut, sich Ihre Ängste einzugestehen. Im Moment gehören sie zu Ihrem Leben dazu. Sie können einen ersten wichtigen Schritt im Umgang mit der Angst gehen, indem Sie ihr ins Auge blicken.

Verschiedene Formen der Angst

Erziehungsbedingte Ängste
Wie wir heute Ängste erleben und mit ihnen umgehen, hängt maßgeblich davon ab, welche Erziehungsfaktoren uns geprägt haben. Im Elternhaus wurde das Fundament für unser Angstempfinden gelegt. Mutter und Vater trainierten uns, entweder mutig und selbstbewusst oder aber verängstigt auf Herausforderungen zu reagieren.

Der Familienberater Jan-Uwe Rogge schreibt dazu: „Ängste fordern heraus, können schöpferische Kräfte mit sich bringen, stark und lebenstüchtig machen. Sich Ängsten zu stellen, sie mit eigenen, manchmal ungewöhnlichen Methoden zu bewältigen, um das Fürchten zu erleben und den Umgang damit zu lernen, stellt eine der wichtigsten Entwicklungsaufgaben zwischen dem dritten und zehnten Lebensjahr dar. Das Kind erfährt, dass Ängste ein Bestandteil des Lebens sind. Mit der Ausdifferenzierung entwicklungsbedingter Ängste geht auch die Ausbildung von Fähigkeiten zur Angstbearbeitung einher, wenn Eltern die Kinder gewähren lassen, sie gar dazu ermutigen, und Eltern diese Fähigkeiten ihrer Kinder nicht durch Überbehütung einschränken" (Jan-Uwe Rogge, Kinder haben Ängste, Hamburg 1997, S. 134f).

Erziehungsbotschaften, die Angst fördern:

„Dir kann so viel passieren!"
Eltern wollen ihr Kind vor allen unangenehmen Gefühlen und Erfahrungen schützen. Junior wird überbehütet und in Watte gepackt. Mögliche Gefahren werden überzeichnet: „Du darfst nicht auf den Baum klettern, sonst wirst du dir ein Bein brechen!" Das Kind lernt zweierlei: Erstens: „Ich bin den Gefahren des Lebens nicht gewachsen, sonst würden meine Eltern mich nicht andauernd warnen." Und zweitens: „Ich bin nicht so stark und mutig wie andere Kinder. Die dürfen und können auf Bäume klettern!"

Eine überbehütende Einstellung hält das Selbstwertgefühl des Kindes auf Diät. Eltern berauben es der Chance, Mutproben zu bestehen, stark machende Erfahrungen zu sammeln und Niederlagen zu verarbeiten.

„Du hast alle Freiheiten, die du willst!"
Die Laisser-faire-Haltung von Eltern setzt Kindern keine klaren Grenzen. Orientierungsmarken fehlen. Die „lange Leine" erlebt das Kind als unüberschaubare Freiheit. Es findet nicht den Halt, den es dringend braucht. Haltlose Kinder fühlen sich von Mutter und Vater allein gelassen und reagieren mit Verlustängsten. „Mama und Papa kümmern sich nicht genug um mich und haben mich nicht lieb, sonst würden sie mir klar zeigen, wo es lang geht und wo nicht!"

„Wenn du nicht lieb bist, hab ich dich nicht lieb!"
Eltern reagieren auf unerwünschtes Verhalten mit Liebesentzug. Sie brechen zur Strafe die Beziehung stunden- oder sogar tageweise ab. Liebesverweigerung gießt Öl in die Urangst des Kindes, die elterliche Zuneigung zu verlieren. Das Kind lernt: „Wenn ich sage und tue, was ich denke, muss ich mit dem Schlimmsten rechnen." Liebesentzug verletzt die kindliche Seele und schürt die Furcht vor Auseinandersetzungen. Das Kind passt sich an. Es entwickelt Angst vor sozialen Kontakten, weil es erfahren hat, wie launenhaft andere mit ihm umgehen können. Die Freude, auf andere zuzugehen, verkümmert.

„Du bist nicht gewollt!"
Das Kind fühlt sich umfassend abgelehnt. Weil es beispielsweise „nur" ein Mädchen wurde, Vater aber so gerne einen Jungen gehabt hätte, empfindet es seine Existenz mit negativem Vorzeichen. Ein Gefühl letzter und tiefster Ablehnung produziert vielschichtige Ängste.

„Das musst du einfach schaffen!"
Eltern mit überhöhten Erwartungen setzen ihr Kind unter Druck, der Stress erzeugt und Versagensängste schürt. Das Kind soll es zu etwas bringen. Es muss sich dem Ernst des Lebens stellen und darf nicht mehr Kind sein. Die Eltern treiben es an, bestrafen schlechte Leistungen und kritisieren mehr, als dass sie loben. Das von den Eltern vermittelte Prinzip „Leistung geht vor Beziehung" führt zu sozialen Ängsten. Das Kind erlebt die Leistungsansprüche seiner Eltern als Gefühlskälte. Es fühlt sich verunsichert und lernt nur unzureichend, zwischenmenschliche Beziehungen tragfähig auszubauen.

„Das wirst du nie schaffen!"
Die Sprache der Entmutigung unterfordert. Weil die Eltern dem Kind nichts zutrauen, lernt es nicht, sich selbst zu vertrauen. Es schreckt vor herausfordernden Aufgaben zurück und kneift aus Angst vor Misserfolgen.

„Du machst mich ganz krank!"
Das Kind wird für die Gefühle von Vater und Mutter verantwortlich gemacht. Dadurch glaubt es, schuld daran zu sein, wenn es einem anderen nicht gut geht. Schuldgefühle werden hervorgerufen, die das kindliche Gewissen beißen. Sätze wie: „Wenn du das machst, bin ich ganz traurig!" verfehlen nicht ihre Wirkung. Das Kind handelt angepasst aus der Furcht, Mutter zu betrüben oder gar deren Gesundheit zu beschädigen. Daraus entwickelt sich die Angst, anderen besonders geliebten Menschen durch falsches Verhalten Schlimmes anzutun!

10 Erziehungstipps, die Kinder stark machen

1. Erziehung lebt von einer guten Beziehung. Vermitteln Sie Ihrem Kind nicht das Gefühl, dass Sie sich aus der Beziehung zurückziehen. Hüten Sie sich vor Ablehnung.
2. Verschenken Sie Zuwendung, ohne Ihr Kind einzuengen oder überfürsorglich zu erdrücken.
3. Fördern Sie seine Eigenständigkeit. Unterforderung und Überforderung lähmen.
4. Investieren Sie Vertrauen. Trauen Sie ihm viel zu, ohne zu überfordern.
5. Geben Sie ihm Chancen, seinen Mut zu erproben. So lernt es, sensibel mit Gefahrensituationen umzugehen.

6. Vermitteln Sie Ihrem Kind Halt und Sicherheit durch klare Grenzen. Es braucht ein Geländer, um Schritte zu wagen.
7. Erzeugen Sie keine Angst durch Strafandrohungen. Verhalten Sie sich freundlich konsequent.
8. Praktizieren Sie Mut zur Durchschnittlichkeit. Sie entlasten sich und Ihr Kind.
9. Nehmen Sie die Ängste Ihres Kindes ernst, indem Sie versuchen, sie zu verstehen. Vorschnelle Ratschläge erreichen Ihr Kind nicht: „Es gibt keine grünen Monster!" „Du mußt dich nicht fürchten!"
10. Drücken Sie Ihrem Kind nicht Ihre Beklemmungen, Probleme und Ängste auf die Schultern. Sie tragen selbst die Verantwortung für Ihre Gefühle und Probleme, nicht Ihr Kind.

Verlusterfahrungen

Wer verliert, was ihm sehr viel bedeutet hat, reagiert mit Trauer und Angst. Scheidungswaisen erleben die Trennung der Eltern gefühlsmäßig wie eine Amputation ohne Betäubung. Wenn Vater beispielsweise über Nacht gegangen ist, sitzt die Verlusterfahrung tief. Häufig testen Kinder dann den verbliebenen Elternteil durch aggressive Verhaltensweisen. Sie wollen dadurch herausfinden, ob sie sich sicher sein können, dass er sie nicht auch noch verlassen wird.

Im Zusammenhang mit ihren Ängsten schildern Ratsuchende ihre persönlichen Verlusterlebnisse: Tod eines Elternteils oder Geschwisterkindes, Umzug in eine neue Umgebung, Krankenhausaufenthalt ohne regelmäßigen Kontakt zu Eltern, Schulwechsel, Abbruch bestehender Freundschaften,

Verlust von Leistungsfähigkeit durch Krankheit oder Unfall, Einbußen der Würde durch Bloßstellung vor anderen.

Verlusterfahrungen gehen tief unter die Haut und rufen die Angst hervor, es könnte sich Gleiches oder Ähnliches wiederholen.

Antrainierte Ängste

Die Psychologie spricht von klassischer Konditionierung. Wir können lernen, auf bestimmte Gegenstände, Menschen oder Situationen ängstlich zu reagieren. Die Angst vor Spinnen beispielsweise ist niemandem angeboren. Nehmen wir an, eine Mutter zählt Spinnen zu den ekligsten Kreaturen der Tierwelt. Sie entdeckt im Kinderzimmer eine Spinne, die über den Boden krabbelt. Ihr vierjähriges Kind findet den kleinen Krabbler süß und höchst interessant und fürchtet sich überhaupt nicht. Reagiert nun die Mutter mit panischer Angst und fürchterlichem Geschrei auf die Spinne, lernt ihr Kind sich vor Spinnen zu fürchten. Nicht etwa weil das possierliche Tierchen so gefährlich für den Menschen wäre, sondern weil Mutter so entsetzt reagiert hat. Künftig reicht der Anblick einer Spinne aus, um Angstgefühle wachzurufen. Die Spinne ist durch Kopplung an die Panikgefühle der Mutter zu einem Angstreiz geworden.

Unser Gedächtnis merkt sich ausgesprochen hartnäckig solche Trainingseinheiten. Ob in Verbindung mit Spinnen, Hunden, steckengebliebenen Fahrstühlen oder angsteinflößenden Paukern – die Furcht sitzt tief. Wir haben gelernt, ängstlich Dinge und Situationen zu meiden, bei denen uns das Fürchten gelehrt wurde.

Verdrängte Gefühle und Gedanken

Wer glaubt, dass er bestimmte Empfindungen und Gedanken nicht haben darf, weil sie in seinen Augen wenig tugendhaft, sondern reichlich verwerflich sind, muss sie schnell verdrängen. Zum Beispiel missgönnende Gedanken: „Der Nachbar hat genau das Auto gekauft, das ich so gerne hätte!"; sexuelle Phantasien: „Ich hege manchmal homosexuelle Gefühle"; aggressive Impulse: „Ich möchte am liebsten Mutter anschreien und ihr die Meinung sagen!" Weil der Betreffende nach seiner Überzeugung so etwas nicht einmal denken darf, muss er es schleunigst im Keller der Seele einsperren. Nur: Verdrängtes wird nicht angemessen bewältigt. Es meldet sich wieder zu Wort: unbestimmte Angstgefühle, Herzrasen, Alpträume u. v. m. Weil keine Erkrankung diagnostiziert werden kann, nehmen die Angstgefühle weiter zu.

Wer so tut, als gäbe es nicht auch Abgründe in seiner Seele, kann in tiefe Ängste stürzen. Er hat nicht gelernt, Brücken über gedankliche und gefühlsmäßige Untiefen zu bauen. In beeindruckender Weise erzählt die Bibel von Menschen, die sich nicht gescheut haben, ihre quälenden Gefühle und Gedanken vor Gott auszusprechen. So betete David: „Glücklich ist der Mensch, dem Gott seine Sünden nicht anrechnet und der mit Gott kein falsches Spiel treibt. Erst wollte ich dir, Herr, meine Schuld verheimlichen. Doch davon wurde ich so schwach und elend, dass ich nur noch stöhnen konnte ... Da gestand ich dir endlich meine Sünde; mein Unrecht wollte ich nicht länger verschweigen. Ich sagte: ‚Ich will dem Herrn meine Vergehen bekennen!' Und wirklich: ‚Du hast mir meine ganze Schuld vergeben!'" (Psalm 32,2-5).

Kaputte Gottesbeziehung

Die biblische Geschichte vom Sündenfall auf den ersten Seiten der Bibel beschreibt die tiefgreifende Beziehungsstörung zwischen Gott und seinen Geschöpfen. Der Mensch rebelliert gegen Gott, will sich selbst bestimmen, sagt sich los von Gottes lebenspendenden Maßstäben und versinkt in Angst. Aus Angst, zu kurz zu kommen, mordet Kain seinen Bruder Abel. Eine Spur von Blut und Tränen zieht sich seither durch die Menschheitsgeschichte. Die Welt in und um uns ist von Angst gezeichnet: Furcht voreinander, ängstliche Distanz zueinander, krankmachendes Misstrauen gegeneinander.

Mit dem Verlust des Paradieses kam die Angst. Wir ängstigen und fürchten uns und werden darin von der tiefen Sehnsucht umgetrieben, dass einmal „alles wieder gut" wird. Die Bibel spricht von „Schalom", einem ganzheitlichen Frieden, in dem die Beziehung zu mir selbst, zu anderen und zu Gott ausheilt.

Angst als Alarmsystem

Ängste besitzen einen lebenserhaltenden Charakter. Eine gesunde Portion Angst bewahrt uns vor Gefahren und deren Folgen. Unser Gefühl warnt uns: „Pass auf! Sei vorsichtig! Du begibst dich auf dünnes Eis, wenn du das machst!" Diese Alarmanlage der Seele ist unentbehrlich. Sie verhindert, dass wir aus Lust am Autofahren zum Spaß auf die Gegenfahrbahn wechseln. Wie eine Alarmsirene meldet sie sich, wenn eine reale Gefahr im Verzug ist. Sie hilft uns, auf die Bedrohung zuzugehen, oder, falls nötig, zu fliehen.

Was aber geschieht, wenn die Alarmanlage defekt ist? Gefahrenquellen werden dann überzeichnet wahrgenommen. Bildlich gesprochen beginnt die Sirene aufzuheulen, obwohl keine echte Gefahr in Sicht ist. Sie reagiert übersensibel. Sie irrt in der Einschätzung von Gefahrenpunkten. Wenn ein Hausbewohner erlebt, wie die Alarmanlage anspringt, obwohl kein Einbrecher in Sicht ist, wird er die Anlage überprüfen und vielleicht auch abstellen. Anders beim Alarmsystem Angst. Wenn die Angst vermehrt auftritt, fühlen wir uns gefährdet, manchmal auch ohne sichtbaren Grund. Und die Angstgefühle lassen sich nicht per Knopfdruck abstellen. Störungen im Alarmsystem Angst lassen sich in verschiedene Formen unterteilen. Sie müssen erkannt und relativiert werden.

Generalisierte Angststörung

Die starken Angstempfindungen dauern über einen langen Zeitraum an. Betroffene machen sich unaufhörlich Sorgen um die eigene Gesundheit, den Partner oder die Kinder. Angsterfüllte Gedanken legen sich wie ein Schleier auf den Alltag und weil sie überall Furchtbares entdecken, lassen sie den Menschen niemals zur Ruhe kommen. Innerliche Unruhe geht zum Beispiel mit Herzrasen, Magenschmerzen, Durchfall, und Alpträumen einher.

Panikattacken

Plötzlich sind sie da, wie ein Blitz aus heiterem Himmel. Überfallartig packen starke Angstgefühle zu, ohne äußerlich ersichtlichen Grund. Eine geballte Ladung Furcht erfasst den Betroffenen mitten in der Supermarktschlange oder bei einem Kinobesuch. Völlig ohnmächtig spürt er den Würgegriff der Angst, bekommt Luftnot, Beklemmungsgefühle, Herzrasen, Zittern, Übelkeit, dazu die Angst, verrückt zu werden. Bei wiederkehrenden Panikattacken spricht man von einer Panikstörung.

Nach einem solchen Angstüberfall sitzt die Furcht vor einer Wiederholung tief. Die Angst vor der Angst führt dazu, Situationen zu vermeiden, in denen eine Panikattacke erneut auftreten könnte.

Phobien

Phobien sind zwanghafte Befürchtungen im Blick auf bestimmte Situationen, Tiere oder Gegenstände, die an sich relativ harmlos sind. Der Betroffene lebt in großer Erwartungsangst, ihm könnte Schlimmes widerfahren, obwohl er verstandesmäßig weiß, dass seine Furcht unsinnig ist. Dem Schlangen-Phobiker treibt allein schon der Gedanke an eine Schlange den Angstschweiß auf die Stirn, obwohl seine Angst irrational ist, denn die Wahrscheinlichkeit, durch einen Schlangenbiss in unseren Breiten zu Schaden zu kommen, ist nicht größer, als die vom Blitz getroffen zu werden. Betroffene vermeiden um jeden Preis das, was ihnen panische Angst macht und schränken dadurch ihr Leben beträchtlich ein.

Heute sind mehr als 1000 Phobieformen bekannt und mehr als 200 wissenschaftlich untersucht. Es gibt nichts, wovor ein Mensch sich nicht schrecklich fürchten könnte, wie zum Beispiel:

- Menschenansammlungen und öffentliche Plätze (Agoraphobie)
- zwischenmenschliche Beziehungen (soziale Phobie)
- spezielle Angstmacher (spezielle Phobie)
- Gegenstände (Spritzen, Blut, öffentliche Toilette)
- Tiere (Schlangen, Mäuse, Spinnen)
- Situationen (Flugreisen, Aufzugfahren, sexuelle Kontakte, Gewitter)

Vier typische Merkmale für alle Phobien:
- Sie dauern über längere Zeit an.
- Sie schränken durch ein ausgeprägtes Vermeidungsverhalten den Alltag ein.
- Sie produzieren körperliche Symptome, wie Herzrasen, Schwitzen, Zittern.
- Sie leben von einer ausgeprägt ängstlichen Erwartungshaltung.

Einen Hauch Phobie kennt wahrscheinlich jeder von uns. Die Grenze zwischen normaler Angst vor etwas und einer Phobie verläuft fließend. Nehmen wir das Beispiel der sozialen Phobie. Karin verhält sich gegenüber Menschen, die sie nicht kennt, schüchtern und sehr zurückhaltend. In einer ihr unbekannten Gruppe fühlt sie sich leicht beobachtet und verunsichert. Als sie den Arbeitsplatz wechseln soll, denkt sie mit leichtem Unbehagen an die Zusammenarbeit mit neuen Arbeitskollegen. Trotzdem nimmt sie die Herausforderung an. Martin dagegen fühlt sich einem Arbeitsplatzwechsel absolut nicht gewachsen. Er malt sich aus, wie er dort gemobbt, verspottet und abgelehnt werden wird. Seine Angst vor neuen Beziehungen ist so ausgeprägt, dass er den neuen Job ablehnt, selbst um den Preis der Arbeitslosigkeit. Seine Sozialphobie engt den Lebensradius beträchtlich ein.

Traumatische Erfahrungen

Darunter versteht man Erfahrungen, die zu tiefen seelischen Verletzungen geführt haben, z. B. Kriegserlebnisse, Vergewaltigung, Verkehrsunfall, Demütigung. Emotionale Verletzungen wirken nach und äußern sich in Form von Alpträumen oder wiederkehrenden Katastrophenphantasien, in denen Gleiches oder Schlimmeres passiert. Gedanken und Erinnerungen an erlittenen Schmerz rufen die damit verbundenen Angstgefühle erneut auf den Plan und äußern sich in körperlichen Angstsymptomen.

Der Teufelskreis der Angst

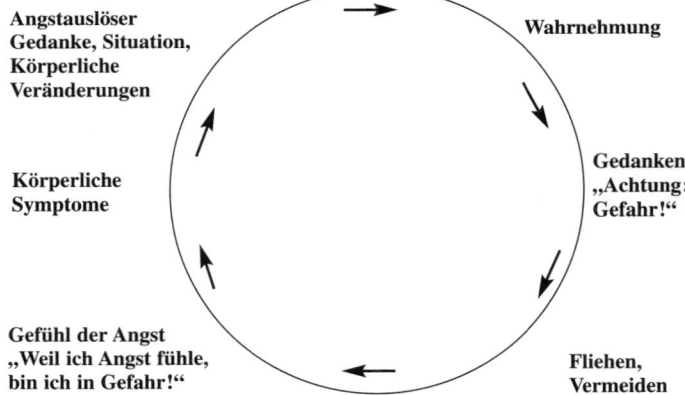

Die Graphik verdeutlicht:
– Körperliche Symptome werden stärker, wenn wir sie besonders beachten.

- Weil wir uns die Symptome (z. B. Herzrasen) nicht erklären können, glauben wir an eine wirkliche große Gefahr, zum Beispiel an eine Krankheit.
- Unsere Erwartungsangst, dass etwas Schlimmes passieren wird, halten wir für richtig, weil wir ja solche Angst haben.
- Die körperlichen Angstsymptome verstärken sich, weil wir jetzt noch sensibler auf sie achten.
- Der Ängstliche dreht sich im Teufelskreis von Katastrophendenken, furchteinflößenden Gefühlen und angstmachenden Körperreaktionen.
- Der Angstkreislauf kann an jeder Stelle beginnen.

Ein Beispiel:
Ruth sieht im Fernsehen einen Bericht über Brustkrebserkrankungen. Die geschilderten Patientenbeispiele rufen in ihr den Gedanken hervor, selbst an Brustkrebs zu erkranken.

Ihre gedanklichen Befürchtungen produzieren ängstliche Gefühle. Darauf reagiert ihr Körper mit Alarmstufe Rot. Herzrasen, Schwitzen, innere Unruhe machen sich breit. Das bestärkt Ruth in ihrer Krebssorge. Ihre Phantasie und ihre Angst davor, Krebs zu haben, erzeugen neue, noch stärkere Angst. Sie glaubt: „Weil ich die Krebsangst spüre, werde ich auch Krebs haben!" Der Teufelskreis der Angst nimmt sie gefangen. Solange sie versuchen wird, diese schreckliche Angst vor Krebs zu unterdrücken, macht sie diese nur stärker. Aus einer völlig normalen Sorge um die eigene Gesundheit erwächst krankhafte Angst.

Den Teufelskreis der Angst können wir nur durchbrechen, wenn wir nicht mehr auf sie hören. Mindestens 95 Prozent unserer Ängste sind unbegründet. Die Horrorvisionen, die wir uns bildreich in unserer Phantasie ausgemalt haben, treten nicht ein. Wenn wir allerdings nichts unternehmen, um unsere

Angst vor der Angst loszuwerden, sondern vor ihr weglaufen, holt sie uns mit doppelter Schärfe ein. Sie lässt nicht locker, bis sie mehr und mehr unser Alltagsleben lähmt. Wer ängstlich vor der Angst flieht, gerät in Isolation und schränkt sein Lebensumfeld beträchtlich ein.

Wann brauchen Sie professionelle Hilfe?

Mit manchen Ängsten können wir ganz gut klar kommen. Wer unter Höhenangst leidet, braucht nicht unbedingt den Kick eines Bungee-Sprungs vom Fernsehturm. Wer die Treppe vom Erdgeschoss in den ersten Stock als unüberwindlich furchteinflößend erlebt, ist gezwungen, seinen normalen Lebensalltag einzuschränken. Solange normale Ängstlichkeiten ein bestimmtes Niveau nicht überschreiten und wir angemessen reagieren können, sind wir in der Lage, uns mit ihnen zu arrangieren.

Angst wird dann zur Krankheit und macht professionelle Hilfe erforderlich, wenn folgende Merkmale zutreffen:
1. Die Angst ist unangemessen stark ausgeprägt.
2. Sie hält längere Zeit an.
3. Bestimmte Situationen müssen vermieden werden.
4. Man gerät in soziale Isolation.
5. Die Angst produziert einen hohen Leidensdruck.

Wenn Sie selbst von Angststörungen betroffen sind und diese Kriterien bei sich wiederfinden, machen Sie sich klar, dass Sie nicht der einzige Mensch sind, der an einer Angsterkrankung leidet. Allein in Deutschland leiden mehrere Millionen Menschen mit Ihnen unter krankmachender Angst.

Suchen Sie sich kompetente Hilfe bei einem Facharzt oder Therapeuten.

Namhafte Experten haben ein Merkblatt „Bewältigung der Angst" zusammengestellt, das zehn wichtige Ratschläge enthält:

1. Angstgefühle und dabei auftretende körperliche Symptome sind verstärkte normale Stressreaktionen.
2. Angstreaktionen sind nicht schädlich für die Gesundheit.
3. Verstärken Sie Angstreaktionen nicht durch furchterregende Phantasievorstellungen.
4. Bleiben Sie in der Realität; beobachten und beschreiben Sie innerlich, was um Sie herum wirklich geschieht.
5. Bleiben Sie in der Situation, bis die Angst vorübergeht.
6. Beobachten Sie, wie die Angst von alleine wieder abnimmt.
7. Vermeiden Sie keine Angstsituationen!
8. Setzen Sie sich allen Situationen aus, die Ihnen Angst machen.
9. Seien Sie stolz auf kleine Erfolge, auch die ganz kleinen!
10. Nehmen Sie sich in Angstsituationen Zeit.
    (Alle aus: Hexal-Ratgeber Angst, Freiburg 1995, S. 42)

Wenn sich Ängste in der Partnerschaft breitmachen

In der Partnerschaft können Ängste sehr unterschiedliche Beziehungsprobleme anzeigen. Wer Angst ausdrückt, schreit um Hilfe. In typischen Sätzen bringen die Partner zur Sprache, was ihnen auf der Seele liegt:

„Ich habe wahnsinnig Angst, dich zu verlieren!", sagt der Eifersüchtige. Aus übersteigerter Verlustangst will er den andern an sich binden und kontrollieren. Sein Partner fühlt sich von Misstrauen eingeengt und in seiner Freiheit beschnitten. Die eifersüchtige Angst will den geliebten Partner an die Kette legen.

„Ich habe Angst, dass du mich immer weiter verletzen wirst!" Wer liebt, macht sich verletzlich. Distanziertes Verhalten dient als Schutzmechanismus vor weiteren Kränkungen. Der durch einen Seitensprung Betrogene reagiert beispielsweise tief verunsichert. Misstrauen wird geschürt und die Furcht, der Treuebruch könnte sich wiederholen, lähmt die Beziehung.

Das sexuelle Erleben in der Liebesbeziehung leidet, wenn die Angst ins Liebesleben einbricht. So kann sich ein Partner vor sexuellen Aktivitäten oder Geschlechtsorganen fürchten. Versagensängste können durch zeitweilige Impotenz verstärkt werden. Die Angst, es beim Sex „nicht zu bringen", setzt unter Druck und provoziert erneutes Versagen.

Die Angst vor einer ungewollten Schwangerschaft kann sich ebenso belastend auswirken, wie die Sorge darum, möglicherweise kein Kind bekommen zu können.

Ehepaare in der Krise leiden unter einer verzerrten Wahrnehmung des Partners und der Beziehung. Sie werden von negativen Gedanken und Gefühlen regelrecht überflutet. Eine ausgeprägt kritische Wahrnehmung erzeugt beklemmende Gefühle: „Ich fürchte, du wirst dich niemals verändern!" – „Es war mein größter Fehler, dich geheiratet zu haben!" Wie die Liebe am Beginn der Beziehung blind machte für die Defizite des anderen, so macht die Angst jetzt blind für die positiven Eigenschaften und Verhaltensweisen des Partners.

Angst schärft den Blick für Fehler, Probleme, Verletzungen. Sie wirkt wie ein Dauerauftrag, der permanent Beträge vom Liebeskonto abbucht. Angst treibt das Beziehungskonto ins Soll.

Wenn es beiden gelingt, fair miteinander zu reden, Vertrauen zu wagen, zärtliche Gesten zu verschenken und zu entdecken, was den anderen so kostbar macht, füllt sich das Beziehungskonto neu. Angst nimmt. Liebe gibt, je mehr sie verschenkt wird.

Fragen zu Ihrer persönlichen Situation:

1. Welche Familienatmosphäre herrscht bei uns vor? Wieviel Raum geben wir Emotionen?
2. Wie verhalten wir uns in Konflikten – als Konfliktlöser oder Konfliktflieher?
3. Gewähren wir Sorgen, Ängsten und Befürchtungen dauerhaft Wohnrecht bei uns zu Hause oder gestatten wir ihnen nur einen Kurzbesuch?
4. Welche Ängste unseres Kindes spiegeln unsere eigenen Ängste wider? Was können wir im Blick auf unsere Ängste in Arbeit nehmen?

Das ABC der Angst

Wenn Situationen und Tatsachen (A) auf eine unangemessene Weise bewertet werden (B), rufen Sie Angstgefühle hervor (C). Mark, ein 35-jähriger Angestellter, suchte seelsorgerliche Hilfe, weil er unter starken Angstgefühlen litt. Er empfand Todesangst, fürchtete sich zunehmend vor sozialen Kontakten und lebte in der Angst vor der Angst. In den letzten Jahren hatte er mehrmals heftige Panikattacken erlebt. Aus Angst hatte er schon längere Zeit keine Reise mehr unternommen. Zu Hause fühlte er sich am sichersten. Sein Selbstvertrauen hatte unter seiner Angstproblematik gelitten.

Im Verlauf der Gespräche wurde Mark deutlich, dass er dazu neigte, in seinen Gedanken und Bewertungen in die Irrationalität abzugleiten. Er hegte Befürchtungen, die unrealistisch und unangemessen waren. Er fürchtete sich davor, dass etwas Schlimmes passieren könnte, und versuchte, genau das zu vermeiden.

Als er damit begann, falsche Bewertungen von Situationen zu korrigieren, veränderten sich auch seine Angstgefühle. Sie nahmen deutlich ab. Er hörte nicht mehr auf seine Angstgedanken, die ihn aufforderten, auf der Stelle zu treten. Mark schildert diese Erfahrung so: „Im Laufe der Gespräche habe ich gelernt, eine falsche Bewertung von bestimmten Dingen und Lebensumständen zu korrigieren. Es ist mir schrittweise gelungen mit Gottvertrauen Schritte aus meinen Ängsten zu wagen. Ich habe mich einigen neuen Herausforderungen gestellt und erlebt, dass die Ängste gar nicht mehr oder nicht mehr in dem befürchteten Umfang eintraten. Daraus schöpfte ich weitere Zuversicht und neues Selbstvertrauen. Wenn meine Ängste auch noch nicht restlos verschwunden sind, so kann ich doch bestätigen, dass Schritte in ein angstfreieres Leben möglich sind und auch bei Rückschlägen Grund zur Hoffnung besteht."

Sie können Ihre Ängste nach dem ABC der Angst aufschlüsseln. Greifen Sie ein Beispiel aus Ihrem Alltag heraus und versuchen Sie, die jeweiligen Fragen zu beantworten:

A: Um welche Situation oder Tatsache geht es?

B: Wie bewerten Sie diese Situation? An welchem Punkt sehen Sie eine Gefahr für sich selbst?

C: Welche Gefühle, Körperreaktionen und Verhaltensweisen haben Sie bei sich selbst beobachtet?

Denken Sie darüber nach, ob Ihre Bewertung der Situation angemessen ist.

Welche Möglichkeiten einer anderen Bewertung der gleichen Tatsache und Situation sind auch möglich? Gibt es andere Schlussfolgerungen, die Sinn machen?

Was geschieht, wenn Sie Ihre Bewertung verändern und sich nicht mehr das schlimmste Unglück ausmalen müssen? Mark war es gelungen, durch eine gedankliche Umdeutung bestimmter Situationen nicht nur neues Land wahrzunehmen, sondern es in kleinen Etappen zu erobern. Er lernte Punkt für Punkt sich den neuen Bewertungen entsprechend zu verhalten. Die Automatismen der Angst können unterbrochen und der eigenen willentlichen Kontrolle unterworfen werden.

Sehen Sie den Tatsachen realistisch ins Auge. Orientieren Sie sich an nüchternen Fakten und geben Sie positiven Gefühlen Raum.

Neun Hilfen zur Angstbewältigung

1. Sehen Sie Ihrer Angst ins Auge!
Häufig reagieren wir auf eine angsterzeugende Situation nach dem Motto: „Augen zu und durch!" Als Meister im Verdrängen schieben Sie vielleicht auch aufkommende Furcht schnell beiseite oder verfrachten sie ins Kellergeschoss Ihres Unterbewusstseins. Wer blickt schon freiwillig einer furchterregenden Fratze ins Gesicht? Aber Vermeiden und Weglaufen löst keine Probleme, sondern schafft neue. Wer so tut, als sei die

Angst nicht da, wird doppelt schmerzlich von ihr eingeholt. Haben Sie Mut, sich selbst Ihre Angstgefühle einzugestehen. Sie brauchen sich für Ihre Gefühle nicht zu schämen.

In den Führungsetagen von Unternehmen geht zunehmend die Angst um. Schätzungen besagen, dass bis zu 90 Prozent der Führungskräfte unserer Wirtschaft mit Angstgefühlen an ihren nächsten Arbeitstag denken. Die angstbedingte Flucht in Alkohol und Tabletten und psychosomatische Erkrankungen verursachen einen volkswirtschaftlichen Schaden bis zu 100 Milliarden DM. Vorwiegend Männer sind betroffen, die über ein hervorragendes Gehalt und viele Privilegien verfügen. Sie befürchten, dass ihre Anerkennung sinken und sie beispielsweise zum Spielball von Unternehmensfusionen werden könnten. Je geringer sich Manager wertgeschätzt fühlen, umso geballter sitzt ihnen die Furcht im Nacken, von einem Tag auf den anderen überflüssig zu werden. Wertschätzungsangst lähmt den Top-Mitarbeiter ebenso wie Existenz- und Armutsangst den untergeordneten Mitarbeiter.

Wer seiner Angst ins Auge blickt, enttabuisiert sie. Sie werden nicht sozial geächtet werden, wenn Sie sich zu Ihrer Angst bekennen. Vielmehr geben Sie auch anderen Leidensgenossen die Chance, sich Ihnen gegenüber mit ihren Ängsten zu outen.

Angstgefühle wirken auf den ersten Blick wie ein bedrohliches Knäuel von Problemen. Um es zu entwirren, müssen Sie es in einzelne Stücke teilen. Schauen Sie darum genau hin, was Ihre Angst im Einzelnen kennzeichnet, wann sie auftritt und welche Gedanken sie begleiten.

2. Tun Sie das, was Ihre Angst nicht zulässt!

Ich möchte Sie ermutigen, aktiv zu werden. Ängste erobern mit der Zeit ein Terrain, das sie ganz zu beherrschen scheinen. Während eines Seminars zur Angstbewältigung bekam jeder Teilnehmer die Aufgabe, etwas zu tun, was er sich schon länger aus Angst nicht mehr zutraute. Beim nächsten Treffen berichtete ein Teilnehmer, der sich besonders vor Dunkelheit fürchtete, wie er mitten in der Nacht auf eine nahegelegene Burgruine gewandert sei. „Mir haben zwar die Haare zu Berge gestanden, als ich losgegangen bin – aber dann ließ die Angst langsam nach. Ich habe etwas fertiggebracht, wovon die Angst mich immer abhalten wollte."

Angstgefühle tragen in sich die Tendenz, immer mehr Land einzunehmen. Solange Sie sich zurückziehen und Vermeidung praktizieren, schreitet sie weiter fort. Es gibt nur einen Weg, der Angst den Krieg zu erklären: durch Rückeroberung.

Wenn Sie sich mit kleinen, mutigen Schritten wieder vorwagen, wird Ihre Angst im gleichen Tempo zurückgehen. Der nächtliche Spaziergänger machte die Erfahrung, dass die Dunkelheit gar nicht so gefährlich ist, wie er geglaubt hatte.

Der Haken an der Sache ist, dass Ihre Angstreaktionen spürbar da sind und Ihnen genau das Gegenteil raten: die Flucht. Gehorchen Sie nicht der Angst! Lassen Sie sich nicht beirren! Marschieren Sie los, auch wenn der Weg gefahrvoll scheint!

In der Verhaltenstherapie werden Methoden angewandt, die dem Angstpatienten durch gedankliche und praktische Übungen dabei helfen, Angstsituationen zu bewältigen. Durch systematische Desensibilisierung erlernt der Patient, auf bestimmte Reize nicht mit Angst, sondern mit Entspannung zu reagieren. Wer panische Angst vor Spinnen hat, lernt schrittweise, sich an das Objekt seiner Furcht heranzutasten: er betrachtet solange eine Spinnenfotografie, bis er gelassen darauf reagieren kann. Dann lernt er eine lebende Spinne aus der Entfernung anzusehen. In vielen kleinen Einzelschritten wird er auf diese Weise desensibilisiert.

Das Expositionsverfahren konfrontiert mit der angstauslösenden Situation. Wer unter großer Flugangst leidet, muss ins Flugzeug steigen und fliegen, um zu erfahren, dass seine Angst nachlässt. Er lernt, eigene Gedanken und Gefühle im Blick auf das Fliegen zu verändern. Die Konfrontation geschieht unter fachlicher Anleitung und setzt voraus, dass der Patient zustimmt.

3. Klären Sie die Motive Ihrer Ängste!
Angst kann als Verhaltensmuster praktiziert werden. Sie dient dann als Werkzeug, um etwas Bestimmtes zu erreichen. Sie wirft einen Gewinn ab. Sie können Ihren unbewussten Beweggründen durch folgende Fragen auf die Spur kommen:
– Benutze ich meine Angst, um Eigenverantwortung aus dem Weg zu gehen?
– Will ich erreichen, dass andere schonend mit mir umgehen?
– Erhoffe ich mir mehr Zuwendung durch meine Mitmenschen?
– Will ich vermeiden, abgelehnt und zurückgewiesen zu werden?
– Gehe ich durch meine Angst Liebesbeziehungen aus dem Weg?
– Will ich andere zwingen oder beherrschen?
– Was erreiche ich bei Partner, Verwandten und Freunden?

Wenn Sie Klarheit über mögliche Motive Ihrer Angst gewinnen, können Sie auf kreative Weise Ihre bisherigen Ziele umformulieren und neue Verhaltensweisen einüben. Hat beispielsweise Ihre Angst bisher dafür gesorgt, dass Sie keine Verantwortung zugemutet bekamen, so können Sie daran etwas verändern. Sie wollen beruflich oder privat weiterkommen – dann setzen Sie sich herausfordernde Ziele, die Sie eigenverantwortlich erreichen wollen.

4. Üben Sie eine dankbare Grundhaltung

Ich bin überzeugt, dass mit der Dankbarkeit eine neue Melodie Ihren Alltag prägen wird. Wenn Ihnen vor Angst die Knie schlottern und Sie von Gänsehautgefühlen überfallen werden, kommt Ihnen vermutlich eher ein abweisendes „Nein, danke!" über die Lippen. Die alte Leier der Angst tönt davon, was problematisch läuft. Sie erzählt von den Dingen, die Sie vermissen, die Sie ärgern oder tierisch nerven. Eine dankbare Einstellung schärft Ihre Sinne für alles das, was gut ist und gut läuft. Selbst angsterzeugende Probleme können in einem neuen Licht erscheinen. Schwierigkeiten bieten Möglichkeiten, um als Persönlichkeit zu reifen. Angst fixiert den Blick. Dankbarkeit schenkt eine weite Perspektive.

Eine dankbare Grundhaltung hat noch einen weiteren Vorteil:

„Wer mit einer optimistischen Einstellung stressige Situationen angeht, stärkt seine Immunabwehr und bildet vermehrt Abwehrzellen, die vor Infektionen schützen. Der Pessimist schwächt dagegen seine Abwehrkräfte" (Studie zitiert in Psychologie Heute 11/99).

Isaac Singer bringt es auf den Punkt: „Wenn man dauernd sagt, die Dinge werden einen schlechten Lauf nehmen, dann hat man gute Chancen, zum Propheten zu werden."

Wie können Sie zu einer optimistischen Lebenseinstellung finden? Drei Tipps:

1. Stoppen Sie Ihr Katastrophendenken. Angst verführt leicht dazu, sich künftige Ereignisse in den düstersten Farben auszumalen. Wer die Zukunft schwarz malt, muss schwarz sehen. Horrorszenarien, die sich unsere Phantasie ausmalt, machen krank. Was wir in unseren schlimmsten Alpträumen befürchten, tritt in der Regel nicht ein. Wir haben uns völlig umsonst verrückt gemacht.
2. Finden Sie zu einer angemessenen Einschätzung. Überlegen Sie, wie eine angsterzeugende Situation sich auch positiv entwickeln kann. Glauben Sie nicht an Ihre Niederlagen, sondern hoffen Sie auf künftige Erfolge: wie Sie die Prüfung bestehen, einen Vortrag trotz Lampenfieber meistern, Ihre Traumreise verwirklichen.
3. Gewinnen Sie Ihren Ängsten etwas Positives ab. Schmerzliche Gefühle lehren Menschen, menschlich zu bleiben, sich nicht über andere zu stellen. Sie machen sensibel für das, was Mitmenschen umtreibt. Sie helfen dabei, sich mit der eigenen Persönlichkeit auseinander zu setzen und zu reifen.

5. Bauen Sie Stress ab!

In Zeiten extremer körperlicher und seelischer Belastungen setzt die Angst noch „eins drauf". Eine für Sie belastende Situation wird unerträglich. In Zeiten, in denen Sie sich sehr entspannt fühlen, liegt Ihr körperliches Erregungsniveau deutlich niedriger. Auftretende Ängste werden Sie in einer entspannteren Lebenssituation bei weitem nicht so quälend erleben wie in Stresszeiten. Je mehr negativer Stress, umso wahrscheinlicher können Sie von Angstattacken überwältigt werden. Gelassenheit und körperliche Fitness beugen Angststress vor. Umgekehrt gilt: Wenn der Alltagsstress Sie im Würgegriff hält, reichen schon kleine Sorgen und Unsicherheiten aus, dass Ihnen angst und bange wird. Schalten Sie einen Gang zurück. Reservieren Sie sich im Alltag Ihre persönliche Entspannungsoase: Spaziergänge, Sport, Hobbys, besinnliche Momente.

6. Korrigieren Sie angsterzeugende Gottesbilder!

Wie stellen Sie sich Gott vor? Welche Bilder tauchen vor Ihrem inneren Auge auf, wenn Sie an Gott, Bibel oder Kirche denken?

Die Frage nach Gott löst in uns sehr unterschiedliche Gefühle aus, je nachdem, was wir erfahren haben und wie wir geprägt wurden. In meiner therapeutischen Praxis berichten manche Klienten davon, wie sehr sie unter einem verzerrten Gottesbild leiden. Sie halten Gott für einen Angstmacher und Spielverderber, einen unerbittlichen Aufpasser und unberechenbaren Chef. Sie glauben, er wolle sie mit der Stoppuhr in der Hand zu Höchstleistungen antreiben. Sie fürchten ihn als Spaßverderber, der ihnen nichts Lustvolles gönnt, einen, der jede Sünde bestraft und seine Leute nur durch Angst in Schach hält.

Ich weiß nicht, welches Gottesbild vor Ihrem inneren Auge auftaucht. Vielleicht bedeuten Ihnen Glaube und Spiritualität etwas, aber angstbesetzte Glaubens- und Gottesvorstellungen haben Sie entmutigt. Einem Gott mit der Peitsche in der Hand, der einem das Fürchten lehrt, kann wirklich niemand vertrauen. Ich kann verstehen, wenn Sie sich enttäuscht und resigniert fühlen und mit dem christlichen Glauben nicht mehr viel zu tun haben wollen.

Sie haben die große Chance, Gott auf eine neue Weise kennen zu lernen. Neue, heilsame Bilder können die alten, verzerrten ersetzen. Schauen Sie in die Bibel. Lernen Sie Gott, den Schöpfer, mit neuen Augen sehen. Lesen Sie in den Evangelien von Jesus Christus und Sie werden fasziniert feststellen, dass Gott anders ist, als Sie dachten.

Menschen, die Jesus begegnet sind, wurden die Augen für Gott neu geöffnet. Im Kontakt mit Jesus wurden ihre manchmal sehr frommen Gottesideen radikal infrage gestellt. Jesus trat nicht als Angstmacher auf, sondern auf zärtliche, liebevolle Art bewegte er die Herzen der Menschen, Gott als einen liebenden Vater zu sehen und ihm zu vertrauen. Ihre verzerrten, von Angst belasteten Gottesbilder können heilen, indem Sie Ihnen positive, Vertrauen weckende Bilder entgegenstellen. Lassen Sie sich zu einer Lesetherapie mit der Bibel herausfordern.

„Seit Kindertagen saß mir immer eine heimliche, unheimliche Furcht vor Gott im Nacken. Gott wurde in meiner Erziehung auf subtile Weise von meinen Eltern benutzt, damit ich immer brav sei und nichts anstellte nach dem Motto: ‚Wir sehen zwar nicht alles, aber Gott sieht alles!' Manchmal lag ich als Kind im Bett und betete unzählige Male mir vertraute Kindergebete nur mit dem einen Ziel, dass Gott mir doch gut ist – schließlich konnte und wollte ich nicht immer schön brav sein.

Als Erwachsener hat mich das Gleichnis, das Jesus von Gott als liebenden Vater erzählt hat, so tief in meinem Innern berührt, dass ich wusste: Gott nimmt mich in die Arme, bei ihm wird alles gut, er fühlt mit mir und tröstet mich. Dieses Schlüsselerlebnis erschütterte mein bisheriges von Angst besetztes Gottesbild. Ich begann zu begreifen, dass Gott Liebe gibt und nicht Angst macht" (Werner, 42 J.).

7. Gewinnen Sie Unabhängigkeit!
Die Angst davor, von anderen Menschen nicht ernst genommen zu werden und ihre Ablehnung zu erfahren, steckt mehr

oder weniger in jedem von uns. Wer besonders unter sozialen Ängsten leidet, findet das Gefühl unerträglich, von einem Menschen oder einer ganzen Gruppe abgewiesen zu werden. Akzeptanz und Zugehörigkeit sind lebenswichtige Grundbedürfnisse jedes Menschen. Wir sehnen uns nach Wertschätzung und tiefen Beziehungen, fürchten aber zugleich, wir könnten zurückgestoßen werden für das, was wir sind oder das, was wir tun. Die sozial unsichere Persönlichkeit lebt in Furcht vor anderen Menschen.

Reinhard erhält den Auftrag, ein wichtiges Projekt, an dem er gerade arbeitet, der Geschäftsleitung zu präsentieren. Je näher der Termin rückt, umso ausgeprägter blühen Ablehnungsängste in seiner Phantasie auf. „Hoffentlich gelingt es mir, frei zu sprechen. Und wenn ich kein Wort heraus bekomme? Ich habe mich nicht so gut vorbereitet, wie es die Geschäftsleitung sicher erwartet. Bestimmt werden sie mich für inkompetent halten. Sie werden sich bestimmt langweilen. Sie haben mich schon auf ihre Abschussliste gesetzt. Vielleicht verlassen einige Chefs vorzeitig den Raum. Ich werde mich vor den Kollegen blamieren, und sie werden mich auslachen."

Angst vor Ablehnung blockiert die eigene Handlungsfähigkeit. Das soziale Risiko wird gescheut. Ablehnungsangst drängt einen dazu, falsche Zugeständnisse an andere zu machen, eigene Bedürfnisse hintenan zu stellen, das Fähnchen nach dem Wind zu hängen.

Die Furcht, nicht geliebt zu werden, wenn wir uns abgrenzen und kritische Fragen stellen, treibt viele Menschen in ungute Abhängigkeiten von anderen Menschen.

Wenn Sie diese Erfahrungen machen und daran etwas verändern wollen, müssen Sie Ihre Fähigkeiten zur Selbstbehauptung stärken. Christophe Andre und Patrick Legeron

drücken treffend aus, worum es dabei geht: „Sich selbst zu behaupten bedeutet, so klar und so direkt wie möglich ausdrücken zu können, was man denkt, wünscht oder spürt, und dabei auch zu berücksichtigen, was der andere denkt, wünscht oder spürt; all das schließlich auf einem so niedrigen Angstpegel wie möglich" (Christophe Andre, Patrick Legeron, Bammel, Panik, Gänsehaut, Leipzig 1999, S. 180). An die Stelle sozialer Angst setzen Sie soziale Kompetenz, wenn Sie an folgenden Punkten arbeiten:
– Bauen Sie Ihre Kritikfähigkeit aus.
– Haben Sie den Mut, klar auszusprechen, was Sie wollen und was nicht.
– Stellen Sie eigene Forderungen, ohne andere zu übergehen.
– Knüpfen Sie neue Kontakte.
– Sagen Sie, was Sie denken und denken Sie, was Sie sagen.
– Setzen Sie anderen klare Grenzen und vertreten Sie ihnen gegenüber eine eigenständige Position.
– Lösen Sie sich aus falschen Abhängigkeiten von Menschen.
– Bauen Sie Ihre kommunikativen Fertigkeiten aus.
– Lernen Sie anderen Menschen angstfreier zu begegnen.
– Sammeln Sie positive mitmenschliche Erfahrungen, ohne Konflikten um jeden Preis aus dem Weg zu gehen.

8. Bauen Sie Versagensängste ab!
Die Angst, etwas nicht zu schaffen, kann Sie antreiben oder lahmlegen. Wenn Sie Fehler um jeden Preis vermeiden müssen, legen Sie sich mächtig ins Zeug. Sie müssen für den Erfolg kämpfen. Wie ein unbarmherziger Sklavenantreiber setzt Sie Ihre Versagensangst unter Erfolgsdruck. Der amerikanische Schauspieler Bruce Willis sagt aus eigener Erfahrung: „Mit dem Erfolg kommt die Angst zu versagen!" Hinter

Versagensängsten steckt ein ungeheurer Erwartungsdruck, den Sie selbst oder andere produzieren:

„Ich muss perfekt sein!"

„Ich muss bei allen beliebt sein!"

„Ich muss meine guten Leistungen unbedingt wiederholen!"

„Ich muss besser, fehlerfreier, erfolgreicher sein als andere!"

Das Leben kann schon anstrengend genug sein. Wenn Sie durch solche Mussvorstellungen noch eins drauf setzen, stempeln Sie sich zum Versager und machen sich unglücklich. Machen Sie Ihre Angst vor Fehlern nicht zur Triebfeder Ihres Handelns, sondern glauben Sie daran, dass Sie das Beste mit Ihren Möglichkeiten erreichen. Gestehen Sie sich Fehler ein, wenn Sie passieren. Sie haben das gleiche Recht wie jeder andere Mensch auch, etwas falsch zu machen. Das ist aber noch lange kein Grund, sich selbst zu verurteilen und als Niete zu sehen. Halten Sie sich nicht zu lange damit auf, zurückliegende Pannen zu beklagen. Was gestern passierte, ist gelaufen. Sie können es nicht mehr rückgängig machen. Was morgen geschehen könnte, liegt letztlich nicht in Ihrer Hand. Beklagen Sie nicht Vergangenes, zittern Sie nicht ängstlich vor der Zukunft, sondern packen Sie heute mutig die Aufgaben an, die dran sind. Tilgen Sie Formulierungen aus Ihrem Wortschatz, die nur bremsen, wie: „Das schaffe ich nie!" – „Es wird alles schiefgehen!" und „Ich bin schuld, wenn es nicht klappt!"

Wenn Sie versuchen, es so gut zu machen, wie Sie es können, dann haben Sie allen Grund, sich über Ihre Leistung zu freuen, auch dann, wenn Sie Ihr Ziel nicht erreicht haben.

Nicht der Misserfolg ist ein Fehler, sondern die Angst zu versagen.

9. Üben Sie sich im Vertrauen!

Vertrauen ist die wirkungsvollste Medizin gegen die alltägliche Angst. Im Zentrum christlichen Glaubens steht die Einladung Gottes an uns Menschen, ihm in allen Dingen Vertrauen entgegen zu bringen. Als Pastor und Seelsorger habe ich schon oft über den Satz aus dem Neuen Testament gepredigt: „Überlasst alle eure Sorgen Gott, denn er sorgt für euch" (1. Petrusbrief, Kapitel 5, Vers 7). Aus meinen Alltagserfahrungen weiß ich, wie tief die Kluft zwischen Predigt und Wirklichkeit sein kann. Warum Gott vertrauen, wenn es so leicht ist, sich schreckliche Sorgen zu machen? Wir leben zwar keine hundert Jahre, aber wir machen uns so viele Sorgen, dass tausend Jahre dafür nicht ausreichen.

Vielleicht kennen Sie die Erfahrung, dass Sie in einem Gebet Gott Ihre persönlichen Sorgen sagen und an ihn abgeben, aber das Sorgenpaket spätestens beim Amen schon wieder drückend schwer auf Ihren Schultern liegt.

In Gesprächen mit Menschen, die an Gott glauben, höre ich häufig dogmatische Sätze wie: „Ich glaube daran, dass Gott über grenzenlose Macht und Möglichkeiten verfügt. Ich glaube, er meint es gut mir. Ich halte seine Versprechen in der Bibel für wahr, sich um das zu kümmern, was mich bekümmert." Theoretisch müssten Christen sorglos leben. Wenn sie trotz ihrer Überzeugungen von Sorgen geplagt werden, so liegt das aus meiner Sicht daran, dass sie erkannte Wahrheiten nicht umsetzen.

Probieren Sie persönlich es doch einfach aus. Treffen Sie eine Entscheidung: pro Vertrauen und contra Sorgenangst!

Wenn Ihre ängstlichen Sorgen das nächste Mal wieder Amok laufen, schlage ich Ihnen vor, eine Vertrauensentscheidung zu treffen: „Ich entscheide mich dafür, meine Sorgen aus der Hand zu geben und sie in Gottes Hand zu legen. Ich verzichte darauf, die Kontrolle behalten zu müssen. Ich entscheide mich gegen alle Sorgengedanken, die Gottes Macht und Güte infrage stellen!"

Vertrauen beinhaltet eine klare Entscheidung. Trainieren Sie eine vertrauensvolle innere Haltung. Lassen Sie Ihre Ängste los und von Ihren Sorgen ab. Durch praktiziertes Vertrauen gewinnt Ihr Leben eine sorgenfreie Qualität.

Die Angst vor Veränderung

Ein neues Leben zu beginnen könnte ja so einfach sein. Veränderungen in unserem Leben müssten eigentlich mit leichter Hand passieren. Wir geben dem Alltag im Handumdrehen eine neue Richtung, werfen den ganzen Ballast hartnäckiger Probleme mal eben über Bord und schon kommen wir in Fahrt. Verhaltensmuster, die negative Folgen nach sich zogen, ersetzen wir durch neue, die ausgesprochen positiv wirken.

Es könnte ja so einfach sein, ist es aber nicht! Unsere Erfahrung lehrt uns nachhaltig, dass jede persönliche Veränderung harte Arbeit bedeutet und es eine Veränderung der Persönlichkeit nicht zum Nulltarif gibt. Viele Hürden pflastern den Weg zu mehr Lebensqualität. Vor allem die Angst vor Veränderung wird für viele von uns zum Stolperstein, wenn es darum geht, eigenverantwortlich Schritte nach vorne zu wagen. Sie legt uns regelrecht lahm und bremst dringend nötige Veränderungsprozesse aus. Das alte Leben ist uns nur allzu vertraut, mag es noch so problematisch aussehen. Das Neue löst Ängste aus, weil wir nicht sicher sind, was da auf uns zukommt oder was mit uns geschehen wird. Und so übertönt die alte Leier ewig gleicher Probleme die leisen Töne eines neuen veränderten Lebens.

Jesu hilft einem Gelähmten auf die Beine

Die Angst vor Veränderung spiegelt sich in der Geschichte des gelähmten Mannes wider, von dem das Johannesevangelium am Anfang des 5. Kapitel erzählt. „An einem der jüdischen Feiertage ging Jesus nach Jerusalem. Dort liegt in der Nähe des Schaftores der Teich Bethesda, wie er auf Hebräisch genannt wird. Er ist von fünf Säulenhallen umgeben. Viele Kranke, Blinde, Gelähmte und Gebrechliche lagen in diesen Hallen und warteten darauf, dass sich Wellen auf dem Wasser zeigten. Von Zeit zu Zeit bewegte nämlich ein Engel Gottes das Wasser. Wer dann als erster in den Teich kam, der wurde gesund, ganz gleich, welches Leiden er hatte. Einer von den Menschen, die dort lagen, war schon seit 38 Jahren krank. Als Jesus ihn sah und hörte, dass er schon so lange an seiner Krankheit litt, fragte er ihn: ‚Willst du gesund werden?' – ‚Ach Herr', entgegnete der Kranke, ‚ich habe niemanden, der mir in den Teich hilft, wenn sich das Wasser bewegt. Versuche ich es aber allein, komme ich immer zu spät.' Da forderte ihn Jesus auf: ‚Steh auf, rolle deine Matte zusammen und geh!' In demselben Augenblick war der Mann geheilt. Er nahm seine Matte und ging glücklich seines Weges."

Der Leidensdruck des Gelähmten ist groß: 38 lange Jahre ans Bett gefesselt, auf fremde Hilfe angewiesen, zu Hause im Kreis anderer Leidensgenossen – Hilflosigkeit und Einsamkeit kennzeichnen sein Lebensgefühl.

Veränderung – eine Frage des Willens

„Willst du gesund werden?" Jesus scheint dem Leidgeprüften eine naive Frage zu stellen. Wer ist schon gerne krank? Hauptsache gesund! Was also soll die Frage? Jesus konfrontiert den Lahmen mit seiner inneren emotionalen Lähmung, indem er das Kernproblem anspricht. Ohne Veränderungswillen passiert nichts. Alles bleibt beim Alten. Die Angst vor Neuem siegt.

„Willst du gesund werden?" Diese Frage stellt sich uns, wenn wir über Lebenskorrekturen nachdenken. Wollen wir das Wagnis eingehen und aus lähmenden Verhältnissen, fesselnden Umständen oder destruktiven Beziehungsmustern ausbrechen und neues Land einnehmen? Wollen wir Veränderung?

Wenn beispielsweise die Ehe in die Jahre gekommen ist, die Liebe sich allmählich verabschiedet hat und die erotische Anziehungskraft schlafen gegangen ist, haben wir uns möglicherweise längst damit abgefunden. Seit Jahren schleppen wir vielleicht ein dickes Problem mit uns herum und sind müde geworden es anzugehen. Das unterschwellige Gefühl, niemals genügen zu können, egal was wir auch tun, begleitet uns solange wir zurückdenken können. Wir fühlen uns wie gelähmt. Wir haben den Glauben daran längst aufgegeben, dass sich jemals etwas entscheidend verändern wird.

Veränderung ist erst dann möglich, wenn wir uns darüber klargeworden sind, ob wir sie wirklich wollen und auch bereit sind, unseren Beitrag dazu zu leisten. Sind wir gewillt, die Angst vor dem was kommt, zu überwinden?

Manche erwarten von Gott das blaue Wunder vom Himmel. Sie erwarten die Lösung ihrer Schwierigkeiten durch ein göttliches Fingerschnippen. Jesus gibt ein anschauliches Beispiel dafür, dass unsere Mitarbeit gefragt ist. Wer die Hände fromm in den Schoß legt, ohne die notwendige Veränderungen anzupacken, bewegt sich nicht vom Fleck.

Der Gelähmte antwortet nicht auf die gestellte Frage, ob er gesund werden will. Er schildert stattdessen seine erbärmliche Situation. Er fühlt sich einsam und verlassen. Kein Mensch ist für ihn da. Die anderen sind immer schneller und besser dran als er. So klingt das Gefühl des selbstmitleidigen, resignierten ewigen Verlierers. Er tut sich selber Leid. Wie eine Raupe hat er sich in einem Kokon eingesponnen, der ihn von der Welt um sich herum isoliert und schützt, aber auch bewegungsunfähig macht.

Veränderung hat ihren Preis

Welche Gründe haben ihn möglicherweise davon abgehalten, Veränderung zu wollen? Vielleicht fürchtete er die Rückkehr in die Welt der Gesunden. Dort hätte er wieder Verantwortung für seinen Lebensunterhalt übernehmen müssen. Er hätte ein neues soziales Netz von Beziehungen knüpfen müssen. Wieder auf die Beine zu kommen, würde seinen Lebensalltag völlig umkrempeln. Das Gesundheitsproblem wäre zwar gelöst, aber die innere emotionale Lähmung bliebe bestehen. Mit der Heilung kämen neue Probleme auf ihn zu. Das Krankenhaus bildete die vertraute Welt. Hier musste er nichts leisten, trug er keine Verantwortung, konnte er sich des Mitleids anderer sicher sein. Die Welt da draußen flößte ihm große Angst ein. Die Seelsorge spricht von einem sekundären Krankheitsgewinn. Hinter Krankheit, Problemen, leidvollen Situationen verbirgt sich möglicherweise ein beträchtlicher Gewinn. Beispielsweise entbinden sie einen von Eigenverantwortung, befreien von dem Druck, Entscheidungen treffen zu müssen und Fehler zu riskieren. Andere können eingespannt werden. Die Umstände haben Schuld daran, dass sich nichts positiv verändert. Dem Selbstmitleidigen ist das Mitleid anderer sicher. Der innere Konflikt des Kranken besteht in dem Wunsch nach Autonomie auf der einen und dem gleichzeitigen Gefühl der Abhängigkeit auf der anderen Seite. Der Mensch, der Veränderung anstrebt, muss sich seiner versteckten Beweggründe, die ihn bisher in der Erstarrung festgehalten haben, klar werden, um sich für eine echte Veränderung zu entscheiden und sie auch in die Tat umzusetzen. Wer seine Probleme bearbeiten will, muss diesen versteckten Gewinn loslassen wollen.

Wenn wir uns mit Schwierigkeiten unseres persönlichen Lebens konfrontiert sehen, liegt es an uns selbst, ob wir Erneuerung wagen oder nicht. Jeder hält selbst den Schlüssel in ein verändertes Leben in der Hand. Wer wirklich will, dem erschließt sich ein neuer Horizont.

Das Wunder passiert

In der Begegnung mit Jesus kommt der Lahme auf die Beine. Jesus heilt ihn, ohne ihn ins Wasser zu schaffen, ohne Medikamente, ohne Arzt und Operation. Er heilt die körperliche Lähmung und löst den Knoten emotionaler Lähmung, indem er ihn auffordert, aufzustehen, sein Bett zu nehmen und Schritte zu gehen. Jesus tut nicht, was wir tun sollen. Er nimmt nicht unsere Trägheit, wir müssen schon selber aktiv werden. Er rettet keine Ehe. Daran müssen die Partner arbeiten. Er schafft nicht Versöhnung, wo wir im Clinch mit einem anderen liegen. Wir allein können die Hand zur Versöhnung ausstrecken. Er macht den jähzornigen Tyrannen nicht zum braven Lamm. Seinen Aggressionen muss der Betreffende selbst die Zügel anlegen.

Aber Jesus lässt es dem Motivierten gelingen.

Drei Schritte stellen das alte Leben des Lahmen auf den Kopf:
1. Er steht auf. Er setzt sich in Bewegung. Er überwindet die lähmende Resignation, die ihn 38 Jahre gefesselt hielt. Er beantwortet die Aufforderung durch Jesus, indem er wieder Verantwortung für sein Leben übernimmt. Vertrauen zu Jesus zeigt sich darin, ob wir den aufrechten Gang wagen. Jesus so zu vertrauen, wie es dieser Kranke vorgemacht hat, ist keine Garantie auf körperliche Heilung, aber eine große Chance von der lähmenden Angst vor Veränderung befreit zu werden.
2. Er nimmt seine Matte. Sie ist ein Symbol für das alte, schmerzlich vertraute Leben. Sie steht für 38 Jahre leidvolle Erfahrungen. Wer neue Schritte wagt, muss lernen, sich mit seiner Vergangenheit auszusöhnen. Schmerzliche Erfahrungen können so zu einem wertvollen Kapital für die Zukunft werden. Der Blick in den Rückspiegel der eigenen Biographie kann uns helfen, vorwärtszukommen. Wer verändertes Leben wagt, kann andere mit Hoffnung anstecken.
3. Er geht. Sein Leben bekommt eine neue Qualität. Das Abenteuer beginnt mit einem Glücksgefühl. Die alte Leier verstummt. Jetzt verläuft sein Leben nach einer neuen Melodie. Dass Jesus ihn nicht an sich bindet oder festhält, beweist seelsorgerliche Kompetenz, die dem anderen ein hohes Maß an Eigenverantwortung zumutet und auch zutraut. Der Gelähmte hat harte Arbeit geleistet, indem er

über den Schatten seiner lähmenden Angst gesprungen ist. Veränderung ist möglich, wenn wir Vertrauen wagen.

Gebet

Jesus, ich staune darüber, wie du diesen gelähmten Mann in seiner Situation gesehen hast. Du hast bei ihm durchgeblickt und ihn in seiner emotionalen Lähmung herausgefordert, Schritte zu unternehmen. Ich will glauben, dass ich dir nicht gleichgültig bin. Ich bitte dich darum, mir zu begegnen und mir die Blockaden zu zeigen, die mich bisher daran gehindert haben, mein Leben positiv umzugestalten. Ich will Veränderung und den nächsten notwendigen Schritt dazu tun. Bitte hilf mir dabei.
Amen

Mit Aggressionen leben lernen

Ärger, Wut und Zorn gehören zu den Gefühlen, die wir nur schwer bändigen können. Der Jähzornige macht seinem Ärger Luft und lässt unkontrolliert Dampf ab. Er flippt aus wie Rumpelstilzchen und könnte vor Wut zerspringen. Ganz anders der Ärgerschlucker. Er frisst den Ärger in sich hinein und drückt auf Umwegen seine Wut aus. Für alle gilt: Wenn die Wutbombe zu ticken beginnt, weil sie sich angegriffen oder unfair behandelt fühlen, melden Körper und Psyche Alarmstufe Rot.

Mit starken aggressiven Gefühlen umzugehen, fällt ungeheuer schwer. Aber sie gehören ganz selbstverständlich zum alltäglichen Leben. Und das ist gut so. Ärger und Aggressionen helfen dabei, uns von anderen abzugrenzen, unseren Selbstwert zu schützen und notwendige Konflikte auszutragen. Wenn die Wut in uns aufsteigt, macht sie uns auf wunde Punkte in unserem Leben aufmerksam, an denen wir arbeiten müssen.

Aggression ist eine Vitalkraft, die unser Leben in Bewegung hält. Es geht nicht darum, jedes ärgerliche, wütende oder zornige Gefühl aus dem Leben zu verbannen. Die Herausforderung besteht vielmehr darin, zu lernen wie wir mit diesen starken Gefühlen angemessen umgehen, uns selbst und anderen gegenüber.

Aggression – zum Guten, wie zum Bösen

Der Begriff „Aggression" leitet sich vom lateinischen „aggredi" her und bedeutet „herangehen, angreifen, unternehmen". Aggression meint ursprünglich ein tatkräftiges Handeln mit dem Ziel, Widerstände und manchmal auch Feinde aus dem Weg zu räumen.

Umgangssprachlich steht Aggression vorwiegend für negative, abwertende Verhaltensweisen. Der Aggressor benutzt Angriffs-, Droh- und Dominanzgebärden, um andere anzugreifen, zu beschädigen und eigene Macht zu demonstrieren. Richtet der Aggressive seine negativen Gefühle gegen sich selbst, spricht man von Autoaggression.

Aggressive Energie muss nicht unbedingt destruktive Ziele verfolgen. Sie kann beispielsweise den nötigen Mut zutage fördern, um ein Problem anzupacken. Sie wirkt – in die richtigen Bahnen gelenkt – schöpferisch und aufbauend.

Nicht die aggressiven Impulse für sich genommen machen uns und anderen das Leben schwer, sondern die Art und Weise, wie wir mit ihnen umgehen.

Aggressionen geschehen immer in Beziehungen: in Beziehungen zwischen Menschen oder in Beziehung zur eigenen Person. Wir können sie gegen andere oder uns selbst richten, zu Tätern oder Opfern aggressiver Verhaltensweisen werden.

Unbewältigte Aggressionen, d. h. ein destruktiver Umgang mit Ärger, Wut und Zorn bis hin zum Hass, stellen aus meiner Sicht eines der größten Probleme im zwischenmenschlichen Zusammenleben dar. Im Bermuda-Dreieck von Ärger, Wut und Zorn erleiden zahllose Ehen Schiffbruch, kentern Eltern-Kind-Beziehungen und geraten Mitarbeiterteams in emotionale Seenot.

Ärgerliche, wütende und zornige Gefühle liegen dicht beieinander und unterscheiden sich lediglich durch ihre Intensität, wie die folgende Graphik zeigt:

Aggressives Potential

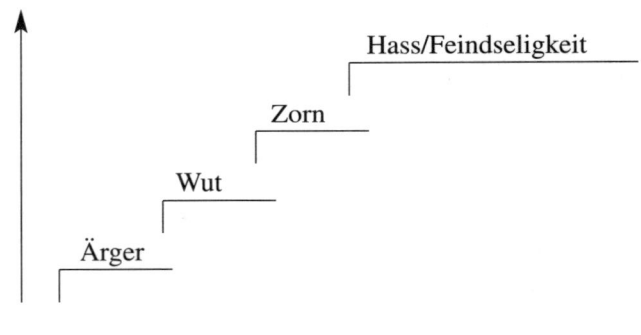

Ärger entsteht, wenn ich mich am Verhalten anderer reibe und verärgert reagiere. Ärger rumort im Bauch.
Wut ist Ärger hoch zwei. Sie macht blind, führt zu Kontrollverlust und lässt ausflippen. Ärgerliche Gefühle kommen ungebremst zum Ausdruck.
Zorn richtet sich eher gegen bestimmte Verhältnisse oder Menschen. Ungerechte Verhältnisse können ebenso Zorn erregen, wie eine ungerechte persönliche Behandlung.
Hass zerstört Beziehungen. Hass sät Feindschaft und reißt zwischenmenschliche Brücken ein. Hass ist eiskalte Aggression, die berechnend handelt.

Aggressionen tragen viele Gesichter. Im Alltag können wir beispielsweise folgende „Ärgertypen" erleben:

Das HB-Männchen
Wie in der altbekannten Zigarettenreklame genügt ihm schon ein geringer Anlass, um zu explodieren. Wenn seine emotionalen Sicherungen durchbrennen, ist er in zehn Sekunden auf hundertachtzig. Sein Ärger verfliegt ebenso schnell, wie er gekommen ist. Ist die Sicherung wieder in Betrieb, empfindet er eine Befreiung. Nur seine Mitmenschen fühlen sich nicht selten tief verletzt. Doch was bringt ihn auf die Zornespalme? Er benutzt den Tobsuchtsanfall um groß herauszukommen, sich über andere zu erheben. Sein Jähzorn macht andere klein.

Der Ärger-Schlucker
Er frisst den ganzen Ärger in sich hinein. Er nimmt die Wut nach innen. Seinen Frust und die Wut im Bauch kann oder will er nicht offen zeigen. Er fürchtet den Konflikt und zusätzlichen Ärger. Zoff will er nicht riskieren. Lieber schluckt er die giftigen, aggressiven Gefühle herunter. Die schlagen ihm auf den Magen, gehen ihm an die Nieren und versauern seine Stimmung. Seine Umgebung macht er manchmal rasend, weil sie nicht weiß, wo sie mit ihm dran ist. Er lässt andere nicht an seine wahren Wut-Gefühle heran, weil er sie nicht offenbart.

Der Keep-Cool-Typ
Er ist die Ruhe selbst. Bevor er mit der Faust auf den Tisch haut, muss schon eine Menge passieren. Seine Elefantenhaut schützt ihn vor Kritik. Er bleibt sachlich und cool. Seine Konfliktpartner schätzen ihn als Fels in der Brandung. Bei aller Coolness wirkt er aber manchmal etwas gefühlsarm und langweilig.

Der Baldrian-Typ
Sobald es Zoff gibt und die Fetzen fliegen greift er zu beschwichtigenden Mitteln. Starke aggressive Gefühle verun-

sichern ihn. Er sucht Harmonie. Darum dämpft er aufbrausenden Ärger und kehrt Konflikte am liebsten unter den Teppich. Auf besänftigende Art lassen sich aber nicht alle Reibereien befrieden. Im Gegenteil: Manchmal wirkt sein Baldrian-Stil wie Öl, das ins Feuer eines Konfliktes gegossen wird, weil andere sich in ihrer Verärgerung weder verstanden noch ernst genommen fühlen.

Die Meckerziege/der Streithammel
Sie lässt an anderen kein gutes Haar, findet aber ein solches garantiert in jeder Suppe. Ärgern, Meckern, Kritisieren ist ihr Metier. Keiner macht es ihr recht – glaubt sie jedenfalls und ärgert sich schwarz darüber. Wie der Streithammel nimmt sie jede Kleinigkeit persönlich, fühlt sich auf den Schlips getreten und schimpft über alles und jeden. Meckerziegen geraten ins soziale Abseits, denn ihr Gemecker hält kein Mensch auf Dauer aus. Wer ständig unzufrieden ist, reizt andere zum Zorn.

Der Rambo-Typ
Wenn es darum geht, eigene Bedürfnisse und Wünsche durchzusetzen, läuft er zu Hochform auf. Erfolg ist ihm wichtiger als Beziehung. Wer sich ihm in den Weg stellt, wird platt gemacht. Rambo geht über Leichen. Als ausgesprochener Machtmensch setzt er sich in Konflikten mit verbalen oder auch physischen Mitteln um jeden Preis durch.

Der Rache-Engel
Wenn er sich verletzt fühlt, schlägt er aus tiefsitzender Verärgerung zurück. Rache-Engel zahlen jedes Unrecht heim nach dem Motto: „Machst du mir eine Beule ins Auto, mache ich dir eine am Kopf!" Wenn ihm der Kamm schwillt, ist er zu

allem fähig. Rache wirkt wie Kokain: attraktiv, verführerisch und süchtig machend. Aber Rache ist alles andere als süß. Der Rächer demütigt und stellt andere bloß. Dadurch werden Konflikte nicht gelöst, sondern weiter verschärft.

Aggressionen geschehen immer in Beziehungen, die wir mit unserer Umgebung oder uns selbst leben. Dabei hängt die Art, wie wir Zorn ausdrücken, von den Beziehungen ab, in denen wir aufgewachsen sind. In unserer Familie standen uns bestimmte Ärgertypen Modell. Wenn der Vater sich beispielsweise durch jähzornige Attacken erfolgreich durchsetzte, hat eines seiner Kinder wahrscheinlich diese Aggressionsstrategie übernommen und benutzt heute ebenfalls Jähzorn, um eigene Ziele durchzuboxen. Familiäre Muster färben ab. Als Erwachsene spiegeln wir durch unseren Umgang mit Wut und Zorn wider, was uns geprägt hat. Wenn aggressive Verhaltensweisen uns und anderen das Leben schwer machen, können wir daran arbeiten. Zwei Schritte sind erforderlich: erstens, unser altes Ärger-Modell bewusst durchschauen und zweitens, ein neues, gesünderes Modell für unseren Umgang mit Wut erarbeiten.

Wenn Aggressionen durch die Hintertür gehen: Passive Aggression

Aggressionen verbinden wir meist mit aktiven Verhaltensweisen, also durch zornige Gefühle, die gegenüber anderen Menschen ausgedrückt werden. Dabei machen wir uns und anderen nicht unbedingt durch laute Wortwechsel, heftige Streitigkeiten und Zoff das Leben schwer. Wenn einer offen zugibt, dass er „stinksauer" ist und einigermaßen angemessen seinen

Ärgerdampf ablässt, dann wissen die anderen, wo sie mit ihm dran sind. Was ausgesprochen wurde, kann jetzt besprochen werden. Grundsätzlich ist es sicher einfacher mit offen gezeigten aggressiven Gefühlen umzugehen, als mit zurückgehaltener, heruntergeschluckter Wut.

Nach meiner Erfahrung in der Paar- und Familienseelsorge und in der Personalberatung von Unternehmen rühren viele Beziehungskonflikte von unbewältigten Aggressionen her. Ärger, Wut und Zorn werden verdrängt, Probleme bleiben unausgesprochen im Raum stehen, Verletzungen werden nicht deutlich angesprochen. Was ist die Folge davon? Aggressive Gefühle schwelen im Verborgenen weiter. Verdrängte Wut bleibt unbewältigt. Aggressive Emotionen drücken sich dann nicht mehr offen, sondern versteckt aus. Hinter vielen verschiedenen Verhaltensweisen steckt ein ungeheures Wutpotential.

Ein Beispiel aus dem Ehealltag:

Mirjam (29) und Thorsten (31) waren mit den besten Absichten in die Ehe gestartet, verliebt und überzeugt, den Traumpartner geheiratet zu haben. Die beiden ersten Ehejahre verliefen harmonisch. Das änderte sich mit der Geburt ihres inzwischen 18 Monate alten Sohnes. Mirjam fühlte sich zunehmend unzufrieden und in ihren emotionalen Bedürfnissen von Thorsten vernachlässigt. Er hatte neben seiner Arbeit als Bankkaufmann eine Fortbildung begonnen, um sich in seinem Beruf weiter zu qualifizieren. Mirjam hatte ihre Berufstätigkeit als Erzieherin aufgegeben und kümmerte sich jetzt um den Sohn. Wenn ihr Mann abends von der Arbeit nach Hause kam, suchte sie das Gespräch mit ihm. Thorsten wollte seine Ruhe und den Feierabend zur Weiterbildung nutzen. Sein Bedürfnis nach Kommunikation wurde tagsüber durch Kunden- und Kollegengespräche völlig abgedeckt.

Mirjam vermisste den Kontakt zu ihren früheren Arbeitskolleginnen und fühlte sich sozial isoliert. Sie genoss zwar den zärtlichen Körperkontakt mit ihrem Sohn, der konnte aber ihr Gesprächsbedürfnis nicht stillen.

Beide fühlten sich frustriert und verletzt. Mit der Zeit nahm ihr Ärgerpotential deutlich zu. Anstatt Frust auszusprechen und Verärgerung offen zu zeigen, verhielten sie sich passiv. Mirjam hatte im Elternhaus erlebt, wie Mutter und Vater ihre Wünsche übergangen und jede wütende Reaktion der Tochter ignoriert hatten. Mirjam fing an, an Thorsten herumzunörgeln und ihn wegen seines Jobs zu kritisieren. Kaum kam er durch die Tür nach Hause, überrollte sie ihn mit den Themen ihres Familienalltags und reagierte mit bitteren Vorwürfen, wenn Thorsten nicht darauf einging. Ihre erotischen Gefühle froren ein. Sie vermied intimere Zärtlichkeiten. Thorsten wiederum fühlte sich zwar als Ernährer und Vater gebraucht, als Geliebter aber abgeschrieben. Sexuell gefrustet machte er innerlich dicht. Er machte Mirjam kaum noch Komplimente, fuhr schon bei Kleinigkeiten aus der Haut, verhielt sich kühl und distanziert, war manchmal wie versteinert. So hatte es ihm sein Vater vorgemacht, der öfters tagelang nicht mit seiner Frau gesprochen hatte, weil sie sich in seinen Augen falsch verhalten hatte. Mirjam machte ihrer Enttäuschung bei einer Freundin Luft und ließ dabei kein gutes Haar an ihrem Mann.

Beide wurden von negativen Gedanken und Gefühlen regelrecht überflutet und distanzierten sich zunehmend voneinander. Ihre Kommunikation bestand zuletzt nur noch aus Vorwürfen, Anklagen oder eisigem Schweigen.

Was macht die Ehekrise von Mirjam und Thorsten deutlich? Schauen wir uns einmal an, wie sie mit Frust und Wut umgehen:

1. Sie drücken ihre Verärgerung nicht offen aus. Sie verdrängen elementare Wünsche. Bedürfnisse bleiben unausgesprochen.
2. Die Eheleute praktizieren passiv-aggressive Verhaltensmuster, um den Partner zu manipulieren, zu strafen und sich für erlittenen Frust zu rächen. Jeder fühlt sich in seinem Wert angegriffen. Der Ärger wird indirekt, durch die Hintertür ausgedrückt. Thorsten zeigt durch sein ablehnendes Verhalten starke Aggressionen gegenüber Mirjam. Er entzieht ihr Wertschätzung und Komplimente, reagiert mit Schmollen, verweigert das Gespräch und fährt seinen früheren Charme auf Kühlschrankniveau zurück. Mirjams Nörgelei und permanente Kritik spiegeln innere Wut wider. Sie entwertet ihren Mann und bestraft ihn, indem sie sexuelle Kontakte vermeidet.
3. Die Partner wiederholen familiäre Muster aus der Ursprungsfamilie. Sie hatte schon als Kind gelernt, eigene Bedürfnisse hinten anzustellen und die aus Frust entstandene Wut indirekt auszudrücken, indem sie sich von Vater oder Mutter zurückzog. Thorsten reagiert wie sein Vater, der versteinerte, wenn es nicht nach seinem Willen lief.
4. Ihre Wahrnehmung ist negativ gefärbt. Fehler und Schwächen werden sensibel registriert. Ihr negatives Denken verstärkt negative Gefühle, die in destruktive Handlungen münden.
5. Mirjam und Thorsten ist es nicht gelungen, die anfänglich „verliebte" Beziehung in eine funktionierende Partnerschaft weiterzuentwickeln. Durch ihre überzogenen Erwartungen war Frust vorprogrammiert. Seit der Geburt ihres Sohnes blieb die Paarbeziehung zusehends auf der Strecke.

6. Neben dem Ärger auf den Partner, spürt jeder auch Wut auf sich selbst. Beide wissen insgeheim, dass sie sich unfair verhalten, können es aber nicht offen eingestehen. Jeder ist auch sauer auf sich selbst, weil es nicht gelingt, einfach zuzugeben: „Ich habe mich falsch verhalten."

Passiv-aggressives Verhalten kennzeichnet negative Ausdrucksformen der aggressiven Gefühlspalette. Der amerikanische Therapeut Ross Campbell definiert treffend: „Passive Aggression ist eine subtile Form von Aggression, eine versteckte Art, andere anzugreifen oder zu manipulieren, um seinen Willen durchzusetzen. Weil sie versteckte Mittel benutzen, um ihre Ziele zu erreichen, sich an anderen zu rächen und das auszudrücken, was sie nicht offen und ehrlich sagen wollen, werden Menschen, die passive Aggression anwenden, zuweilen auch als die ‚starken Passiven' bezeichnet" (Ross Campbell, Bevor der Kragen platzt, Marburg 1997, S. 62).

Es handelt sich also um unfaire Streitstile, in denen aggressive Gefühle auf destruktive Weise ausgelebt werden. Sie vergiften das soziale Klima und beschädigen zwischenmenschliche Beziehungen. Neben den versteckt-aggressiven Verhaltensweisen Nörgelei, Verweigerung, Schmollen und Versteinern, die Mirjam und Thorsten praktizieren, möchte ich noch einige andere skizzieren:

Neid
Der Neider fühlt sich bedroht und fürchtet zu kurz zu kommen. Andere haben mehr oder sind besser dran. Das entzündet seinen Ärger. Er fühlt sich zurückgesetzt. Der Missgönner beginnt oftmals ein zerstörerisches Aggressionsspiel, wie das biblische Beispiel von Kain zeigt, der seinen Bruder Abel aus neidischen Motiven ermordet. Der Neidische sägt am Stuhl

des anderen, weil ihn der Gedanke fuchsteufelswild macht, er könnte einem anderen unterlegen sein. Selbst der bravste Christ kann zur Giftspritze mutieren, wenn er von neidischen Gefühlen zerfressen wird. Das wusste schon Jakobus, der Verfasser des gleichnamigen Briefes im Neuen Testament: „Seid ihr aber voller Neid und Hass, dann braucht ihr euch auf eure angebliche Weisheit nichts einzubilden. (...) Wo Missgunst und Streit herrschen, da gerät alles in Unordnung; da wird jeder Gemeinheit Tür und Tor geöffnet" (Jakobusbrief, Kapitel 3, Vers 14 und 16).

Schweigen
Der Spruch „Reden ist Silber, Schweigen ist Gold" gilt nicht, wenn sich der Aggressive in eisiges Schweigen hüllt. Durch Schweigen zeigt er dem Ehepartner oder Freund die kalte Schulter. Er strahlt Eiseskälte aus, obwohl in seinem Inneren die Wut hoch kocht. Schweigen drückt tiefe Ablehnung des anderen aus und schlägt tiefe Wunden. Wer „dazu nichts mehr sagt", verhindert eine konstruktive und offen ausgetragene Konfliktlösung.

In Teambesprechungen hält der Schweiger gerne mit seiner Meinung hinter dem Berg. Aber er neigt dazu, seinen Ärger über eine getroffene Entscheidung im Nachhinein sehr beredt auszusprechen. Dadurch torpediert er Beschlüsse und deren Umsetzung.

Erpressung
Erpresserische Methoden enthalten ein starkes Aggressionspotential. Sie dienen als Machtinstrument, um anderen den eigenen Willen aufzupressen. „Wenn du nicht machst, was ich will, dann ..." In der Partnerschaft schüchtert der Erpresser durch Scheidungsdrohungen ein. Am Arbeitsplatz setzt er sei-

nem Mitarbeiter die Pistole auf die Brust. Als Mitglied einer christlichen Gemeinde oder eines Vereins droht er mit Austritt.

Fundamentalismus
Religiöser und weltanschaulicher Fundamentalismus erwächst aus Angst und Aggression. Wer sich von anders Denkenden und Glaubenden bedroht fühlt, errichtet Schutzdämme die er aggressiv verteidigt. Fundamentalisten gehen nicht im besten Wortsinn auf andere zu, sondern bekämpfen jeden, der nicht auf ihrer Wellenlänge liegt.

Einmischung
Wer auf Macht verzichten muss, sieht nicht selten unterschwellig sein Selbstwertgefühl gefährdet. Der Vorgänger beäugt misstrauisch den Nachfolger, ärgert sich über dessen Stil und kommentiert gegenüber Dritten die Schwächen und Fehler des Neuen. Das aus vielen Witzen bekannte Schwiegermutter-Thema behandelt die Versuchung zur bitterbösen Einmischung in Fragen, die einen überhaupt nichts angehen. Wer nicht kapieren will, dass der andere anders ist und sich anders verhält, wird sich versteckt-aggressiv verhalten.

Idealisierung
Der Aggressor hebt einen anderen Menschen aufs Podest, bringt ihm übertriebene Wertschätzung und Komplimente entgegen. Wenn der Verehrte aber nicht das macht, was dem Aggressor gefällt, stößt er ihn rücksichtslos vom Sockel herunter. Der vormals supertolle Mitarbeiter wird zur Flasche auf der ganzen Linie erklärt, ein bejubelter Ex-Bundeskanzler mit vernichtender Kritik gestraft.

Das bekannteste Beispiel der Weltgeschichte liefert die Leidensgeschichte Jesu, nachzulesen im Matthäusevangelium. Die gleichen Leute, die „Hosianna" und „Hurra" riefen und Jesus einen berauschenden Empfang in Jerusalem bescherten, skandierten kurze Zeit später: „Ans Kreuz mit ihm!"

Aufschieben und Vergessen
Der Vergessliche willigt z. B. in eine Aufgabe ein. Er sagt: „Ja, ich kümmere mich darum!" Sein Okay gibt er aber nur halbherzig, eigentlich hat er keine Lust, sich damit zu beschäftigen. Aber anstatt offen und ehrlich „Nein" zu sagen, vergisst er einfach, was ihm aufgetragen wurde und drückt so seine heimliche Verärgerung aus. Was der Vergessliche vergisst, schiebt der Aufschieber auf die nächste Woche oder gleich aufs nächste Jahr. Er zeigt seinen Ärger nicht offen: „Ich finde das ätzend, wenn ich die Gartenhecke stutzen soll!" Nein, lieber lässt er die Hecke verwildern und den Auftraggeber sich schwarz ärgern.

Ich habe eine kleine Auswahl versteckt-aggressiver Verhaltensweisen geschildert, die selbst netteste Leute verbiestern lassen. Wir Menschen zeigen uns sehr kreativ, wenn es darum geht, aggressive Gefühle „von hinten durch die Brust ins Auge" bei anderen zu platzieren. Eine gute Portion Selbsterkenntnis ist der erste Schritt, wahrhaftig und fair zu bleiben, gerade dann, wenn uns andere auf die Nerven gehen.

Depression:
Die dunkle Schwester der Aggression

Hinter depressiven Gefühlszuständen verbergen sich häufig Wut und Ärger. Verdrängte Aggressionen drücken die Gemütslage. Wer über Lebensumstände verbittert und Groll ansammelt, trägt an einer niederdrückenden Last. Er reagiert früher oder später depressiv. Negative Gefühle gegenüber nahestehenden Menschen wie beispielsweise dem Partner werden aus Verlustangst verschwiegen. Aber davon lösen sich Wut und Ärger nicht auf. Sie ziehen herunter.

Wer in seiner Kindheit gelernt hat, allzu selbstlos zu handeln und immer nur für andere da zu sein, konnte kein starkes Selbstwertgefühl ausbilden. Ich-Schwäche führt zu verstärkter Verlustangst: „Ich fürchte mich davor, einem geliebten Menschen meine aggressiven Gefühle zu zeigen, weil ich glaube, ihn dadurch zu verlieren." Je schwächer das eigene Ich, umso bedeutungsvoller wird das Du. Betroffene lassen sich lieber von ihrem Ärger herunterziehen, als das Aussprechen aggressiver Gefühle zu riskieren.

Menschen mit einer niedergeschlagenen Grundstimmung gehen ausgesprochen destruktiv mit ihren Gefühlen um. Der Psychotherapeut Reinhold Ruthe beschreibt ihre Dulderrolle so: „Viele Depressive sind hausgemachte Masochisten. Sie gehen allen Konflikten aus dem Weg, vermeiden Gespräche und Kritik. Sie dulden und jammern, weil sie nicht den Mut haben, ihre Enttäuschungen zu verbalisieren. Sie fliehen in das Selbstmitleid ... Zorn und Ärger werden ins Unbewusste verlagert. Wer aber Zorn, Wut und Bitterkeit in den Untergrund schiebt, muss seelisch oder körperlich sehr leiden" (Reinhold Ruthe, Wenn die Fetzen fliegen, Moers 1997, S. 49).

Das ABC der Wut

Ärgerliche Gefühle überfallen uns nicht aus heiterem Himmel. Bevor wir vor Wut schäumen, haben wir in unserem Denken bereits die Weichen für aggressive Gefühle gestellt.

Wenn wir eine bestimmte Situation erleben (A), werden wir sie gedanklich einordnen und bewerten (B) und uns in der Konsequenz (C) entsprechend unserer Bewertung fühlen und verhalten.

Alexander liegt schon seit Wochen im Clinch mit seinem Wohnungsnachbarn. Schon bei dem Gedanken an seinen Nachbarn kommt ihm die Galle hoch. Was hat Alexanders Wut ausgelöst?

A (Tatsache/Situation): Wiederholt hat sein Nachbar seinen Wagen auf Alexanders Parkplatz abgestellt. Schon zweimal in den vergangenen zehn Tagen hat der Nachbar eine Party veranstaltet, deren Lärmpegel Alexander um den Schlaf gebracht hat.

B (Bewertung): Alexander denkt: „Der Typ macht einfach, was er will, ohne Rücksicht auf Verluste. Das Auto stellt er doch mit Absicht auf meinen Parkplatz. Er will mich provozieren. Die nächtlichen Ruhestörungen sind ein Attentat auf meine Rechte als Mieter."

C (Konsequenz): Alexander fühlt sich sauer, provoziert, schlecht behandelt und reagiert als Konsequenz mit einer Mordswut. Mit Argusaugen verfolgt er jeden Schritt des Nachbarn, um täglich neue Unverschämtheiten auszumachen, was natürlich seinen Ärger nicht geringer werden lässt.

Für Alexanders Wut ist niemand anderes verantwortlich als er selbst. Indem er Nachbars Verhalten als persönlichen Angriff wertet, ruft er selbst seine wütenden Gefühle auf den Plan. An der Situation kann Alexander nichts ändern, es sei denn er zieht aus oder er bringt seinen Nachbarn um die Ecke. Wenn Alexander aber seine unguten, brodelnden Gefühle loswerden möchte, muss er in seinem Denken ansetzen, indem er die gleichen Tatsachen neu bewertet, z. B. so: „Mein Nachbar hat einige Male meinen Parkplatz genutzt. Das kann passieren. Ich könnte mich jetzt furchtbar darüber ärgern, wenn ich wollte, aber damit löse ich das Problem nicht. Auch habe ich ihm noch nicht gesagt, dass seine Feiern recht lautstark bei mir zu hören waren. Wer feiert, merkt manchmal nicht, dass andere dadurch gestört werden."

Wenn Alexander sein Denken korrigiert, wird er sich anders fühlen und seine Verärgerung in Grenzen halten. Er wird sich positiver verhalten, auf seinen Parkplatz hinweisen und die nächtliche Ruhestörung ansprechen. Alexander kann seine Interessen klar vertreten, ohne einen Nachbarschaftsstreit vom Zaun zu brechen. Wer weiß, vielleicht feiert Alexander bei der nächsten Party sogar mit!

Kontrollfragen:
Ist meine Bewertung der Situation und Tatsache angemessen?

In welche Richtung muss ich mein Denken korrigieren, damit sich bei mir weniger Ärger und Wut aufstauen?

Aggressionen bei Kindern

Die fünfjährige Lisa schmeißt wutschnaubend ihren mühevoll erbauten Lego-Turm um, stampft mit den Füßen auf und lässt sich brüllend auf den Boden fallen. Und das alles nur, weil ein Lego-Stein nicht so wollte wie sie.

Kleinere Kinder reagieren mit spontaner Wut, wenn sie sich hilflos und gefrustet fühlen. Rückschläge und erlittene Niederlagen und die daraus resultierenden aggressiven Gefühle hauen sie regelrecht um. Lisa will ihre Eltern durch ihr Verhalten nicht provozieren, sondern drückt ungehemmt ihre innere Spannung aus. Es hilft, wenn Mama und Papa cool bleiben und Lisas Ausflippen nicht persönlich nehmen. Ihre Wut wird schnell verfliegen.

Aggressionen begleiten Kinder auf dem Weg ins Erwachsenenleben. Sie sind für jedes Kind notwendig, um sich durchsetzen und selbst behaupten zu lernen. Ob im Geschwisterstreit, bei Auseinandersetzungen in der Clique oder sportlichen Wettkämpfen – Kinder lernen sich abzugrenzen und weiterzuentwickeln, indem sie sich mit anderen auseinandersetzen und zusammenraufen.

> **Wenn Mädchen heulen, schlagen Jungen zu**
> „Dass Jungen sich aggressiver verhalten als Mädchen, gehört zu den wenigen wissenschaftlich gut belegten Unterschieden zwischen den Geschlechtern. Schon bei Einjährigen lässt sich das beobachten: Jungen beginnen mehr Konflikte – und sind häufiger deren Opfer. Sie zeigen in der weiteren körperlichen Entwicklung mehr Aggression, wogegen schon kleine Mädchen eher ‚nervöse Gewohnheiten' wie Nägelkauen, Daumenlutschen oder Ängstlichkeit zeigen. Aggressives Verhalten beschränkt sich bei ihnen eher auf verbale und symbolische Formen. Im Konfliktfall schlagen Jungen viel eher zurück als Mädchen. Sehr viel mehr Jungen als Mädchen werden wegen ‚Hyperaktivität' oder aggressivem Verhalten als auffällig diagnostiziert und in Beratungsstellen oder bei Ärzten vorgestellt" (Verena Sommerfeld, Trotz, Wut, Aggressionen, Hamburg 1991, S. 56).

Eltern haben die Aufgabe, durch ihre Erziehung einen Rahmen abzustecken, der eine gesunde Persönlichkeitsentwicklung fördert. Dazu zählt ein altersgemäßer Umgang mit Aggressionen. Eltern, die überbehüten, mischen sich vorschnell in Konfliktsituationen ein und bremsen ärgerliche Gefühle und aggressive Verhaltensweisen. Sie trauen ihrem Kind nicht zu, sich selbst zu behaupten und im guten Sinne an andere „heranzugehen", was ja im ursprünglichen Sinn „Aggression" bedeutet. Natürlich müssen Eltern dann einschreiten und Einhalt gebieten, wenn die Gefahr besteht, dass in Streitigkeiten Verletzungen passieren können oder Gegenstände als Waffen benutzt werden.

Der Erziehungsberater Jan-Uwe Rogge formuliert treffend, in welcher Zwickmühle sich Eltern im Blick auf ihren Erziehungsauftrag befinden: „Oberstes Erziehungsziel sind humane, auf gegenseitigen Respekt abzielende Erziehungsbeziehungen. Gleichzeitig bewertet man Aggressionen ausschließlich als negative Kräfte. Die konstruktive Seite der Aggression – z. B. Produktiv- und Kreativ-Sein, sich abgrenzen, um eigene Identität zu entwickeln – wird in der öffentlichen Diskussion ausgeblendet. Nicht die Verdrängung von Aggression aus dem Alltag kann mithin die Erziehungsperspektive für Kinder sein, vielmehr die konstruktive Seite von der zerstörerisch-menschenverachtenden Seite klar abzugrenzen. Denn um die destruktive Aggression zu beherrschen, ist eine Kultivierung von Aggression, d. h. die Erziehung zu einem gekonnten Umgang mit Aggression, unabdingbar" (Jan-Uwe Rogge, Eltern setzen Grenzen, Hamburg 1998, S. 122).

Das elterliche Vorbild wirkt stärker als jede blasse Theorie. Durch ihr Modellverhalten machen Eltern ihren Kindern vor, wie man mit Wut und Ärger umgeht – positiv wie negativ.

Immer mehr Eltern suchen Rat, weil sie mit den Wutattacken und tyrannischen Verhaltensweisen ihrer Kinder nicht mehr klarkommen. Sie sind mit ihrem Erziehungslatein am Ende und fühlen sich ohnmächtig, weil ihnen die Kinder auf der Nase herumtanzen. Weder pädagogischer Schmusekurs, bei dem mit unendlicher Güte auch der zehnte Schienbeintritt verständnisvoll milde kommentiert wird, noch unerbittliche Härte, die zurücktritt und mit Strafsanktionen droht, werden dem Aggressionsproblem bei Kindern gerecht. Sie steigern nur die Wut.

Ich möchte im Folgenden einige Leitlinien für die Erziehung aufzeigen, die Kindern dabei helfen, ihre Gefühle angemessen auszudrücken und mit ihnen zu leben. Dabei müssen Eltern berücksichtigen, dass es auf jeder Altersstufe normale, angemessene Aggressionsäußerungen gibt. Kindergartenkinder werden naturgemäß stärker Reibereien auf körperliche Art austragen, während Teenager auf verbale Weise Konflikte anpacken können.

1. Zeigen Sie Ihrem Kind, dass Sie es bedingungslos lieben. Nehmen Sie es als Person an mit seinen starken Gefühlen, ohne diese zu verurteilen. Liebe schließt Grenzen nicht aus, sondern ein.
2. Setzen Sie klare Grenzen, die Sie konsequent einhalten. Sagen Sie nicht heute „hü" und morgen „hott". Wenn Sie zehnmal konsequent nein gesagt haben, kippen Sie beim elften Mal nicht um. Eine „Jein"-Haltung verunsichert nur zusätzlich.
3. Bemühen Sie sich als Eltern, an einem Strang zu ziehen und in Übereinstimmung Grenzen zu ziehen.
4. Wenn Ihr Kind gegen Grenzen rebelliert und vor Wut ausrastet, bleiben Sie fest aber freundlich. Es wird sich wie-

der beruhigen. Denken Sie daran, dass klare Grenzen Orientierung vermitteln und Ihrem Kind Sicherheit geben.
5. Wenn Sie sich bis aufs Blut gereizt fühlen, kühlen Sie Ihren elterlichen Zorn erst einen Moment ab. Sie werden sonst überzogen reagieren. Sprechen Sie dann deutlich an, was passiert ist.
6. Warten Sie nicht so lange, bis Ihnen der Kragen platzt, bevor Sie Stellung beziehen. Zeigen Sie gleich beim ersten Foul die gelbe Karte, beim zweiten die rote. Respektloses Verhalten kann mit einem „time out" beantwortet werden. Das Kind muss in sein Zimmer gehen und kann wiederkommen, wenn es sich beruhigt hat.
7. Konzentrieren Sie sich nicht zu sehr auf aggressives Verhalten des Kindes. Ein zu starkes Eingehen z. B. durch Schimpfen als negative Reaktion kann Aggressionen verstärken, vor allem dann, wenn Ihr Kind ansonsten zu wenig positive Zuwendung erhält.
8. Zeigen Sie Alternativen auf. Vermitteln Sie Ihrem Kind ein Gefühl dafür, welche anderen Konfliktlösungsstrategien noch möglich sind. Kleinkinder setzen sich stärker körperlich zur Wehr. Schulkinder sind in der Lage, reifere Methoden zur Konfliktbewältigung zu praktizieren, wie zurückstecken, Kompromisse suchen, sich entschuldigen.
9. Zeigen Sie Mitgefühl im positiven Sinne, d. h. ermutigen Sie Ihr Kind Gefühle mitzuteilen: „Ich verstehe, dass du dich ganz furchtbar geärgert hast." Gestehen Sie Ihrem Kind seine Gefühle zu, aber billigen Sie nicht unangemessene Handlungen.
10. Und loben Sie es für alles, was es gut gemacht hat: „Ich freue mich darüber, dass du deine Schwester nicht aus Wut gehauen hast, sondern mir gesagt hast, wie wütend du auf sie bist."

11. Bestärken Sie Ihr Kind darin, Selbstkontrolle zu üben und fördern Sie kooperative Verhaltensmuster.
12. Leben Sie in der Familie wertschätzende Beziehungen, die von gegenseitigem Respekt getragen werden. Wer spürt, dass er etwas wert ist, braucht Schwächere nicht abzuwerten, um besser dazustehen. Bevorzugen Sie nicht ein Kind gegenüber seinen Geschwistern. Die werden darauf stinksauer reagieren.

Ich möchte Ihnen als Eltern an dieser Stelle den Druck nehmen, von jetzt auf gleich alle zwölf Erziehungsimpulse in die Tat umzusetzen. Beginnen Sie damit, an einer Stelle etwas zu verändern. Setzen Sie zunächst einen Anstoß in Ihre Erziehungspraxis um, der Ihnen besonders leicht fällt. Bereits kleine Veränderungen bringen etwas in Bewegung.

Wenn Sie den Eindruck haben, dass Ihnen das aggressive Verhalten Ihres Kindes über den Kopf gewachsen ist oder Sie selbst zu destruktiven Mitteln greifen, wie beispielsweise Prügeln oder alltägliches Zusammenschreien, verdienen Sie Hilfe und Unterstützung, die Ihnen z. B. eine Beratungsstelle geben kann.

Fragen an Eltern und Erzieher:
- Was drückt das Kind durch überzogen aggressives Verhalten aus? (Aggressionen können ein „Schrei" nach Grenzen sein.)
- Fühlt es sich in seinem Selbstwertgefühl bedroht? (Das älteste Kind fühlt sich durch das zweite beispielsweise entthront.)
- Kopiert das Kind elterliche Verhaltensmuster? (Es kann sich z. B. das jähzornige Verhalten vom Vater übernehmen, der damit sehr erfolgreich seine Interessen durchsetzt.)

- Sucht es den Machtkampf mit Eltern oder Erziehern? (Will es um jeden Preis seinen Willen erzwingen?)
- Wie haben die Eltern bisher reagiert? Mit welchem Erfolg? Was könnten sie anders machen?

Aggressionsquelle Fernsehen

Der Psychologe Philip G. Zimbardo schreibt: „Aus den Darstellungen im Fernsehen lernen Kinder, dass die Ausübung von Gewalt häufig vorkommt, dass sie belohnt wird, dass sie für gerechtfertigt, sauber, spaßig und phantasievoll gehalten wird und dass sie für Männer eher angebracht ist als für Frauen" (Philip G. Zimbardo, Psychologie, Augsburg 1992, S. 370).

Noch sind sich die Gelehrten nicht ganz einig, inwieweit Fernsehen aggressiv macht. Unbestritten dürfte aber die Tatsache sein, dass jenseits von Biene Maja und Sesamstraße viel aggressiver (Seelen-)Schrott angeboten wird. Eltern können natürlich die Flimmerkiste aus dem Haus verbannen. Ihre Kinder schauen dann woanders fern und zwar ohne dass die Erziehungsberechtigten Einfluss darauf haben, was sie sich anschauen. Ein Fernsehgerät gehört allerdings nicht ins Kinderzimmer. Wenn Jugendliche ihr eigenes Programm gucken, ist das früh genug.

Pädagogisch wertvolle Überlegungen zu einem altersgemäßen Umgang mit Fernsehen und Computer klingen in der Theorie super, lassen sich aber selten im Familienalltag umsetzen. Sie werden sich als Eltern nur über sich selbst ärgern, weil Sie es mal wieder nicht geschafft haben, den Fernsehkonsum der Kleinen in den Griff zu bekommen. Wenn es Ihnen als Eltern nicht gleichgültig ist, was Ihre Kinder via

Bildschirm konsumieren, setzen Sie einfach ein bisschen konsequenter um, was Sie für wichtig halten. Bieten Sie z.B. Fernsehalternativen an, nehmen sie den „Babysitter Glotze" nicht zu oft und zu lange in Anspruch und zeigen Sie durch Ihr eigenes Vorbild, wofür der Ausschalter gedacht ist. Oder schauen Sie sich einmal mit Ihren Kindern eine Sendung an und sprechen Sie darüber.

Aggressionen in der Partnerschaft

In den eigenen vier Wänden zeigen Eheleute ihr wahres Gesicht, das häufig von Ärger, Wut und Zorn gezeichnet ist. Dabei müssen es nicht gleich Riesenkonflikte sein, die Partner auf die Palme bringen, wie eine 30jährige Ehefrau und Mutter erzählt: „Männer sind rätselhafte Wesen, besonders meiner: Er vergisst manchmal Dinge, die er meiner Meinung nach im Lauf der Ehejahre eigentlich geschnallt haben müsste. Zum Beispiel neulich: Er bringt mir abends ein Eis vom Italiener mit. Schokolade und Vanille. Ich war fassungslos. Genau diese beiden Geschmackssorten finde ich alles andere als lecker. Dabei hatte er mich ein paar Tage zuvor noch gefragt, was mein Lieblingseis ist. So eine Frechheit! Statt zärtlicher Umarmung erntete er natürlich nur einen eiskalten Blick und meine saure Miene. Ich hatte das Gefühl, mein Mann interessiert sich überhaupt nicht für meinen Geschmack und folglich auch nicht für mich.

Wenn dann mein Ärgerfass überläuft, hat mein Mann nur noch eine Chance: Er muss mir glaubhaft erklären können, warum er etwas vergessen hat. Dann übe ich Nachsicht. Gelingt es ihm nicht, ärgere ich mich kräftig weiter!"

Wie Sie es schaffen, dass Ihr Partner vor Ärger rot sieht, verraten Ihnen nachfolgende Strategien:
- Lassen Sie über einen längeren Zeitraum eines oder mehrere Grundbedürfnisse Ihres Partners in der Beziehung unbefriedigt, z. B. durch sexuelle Abstinenz oder durch „nicht über die Beziehung reden wollen".
- Drücken Sie sein Selbstwertgefühl, indem Sie beispielsweise Komplimente vorenthalten, aber dafür reichlich Kritik üben.
- Klagen Sie an. Fühlt er sich persönlich verletzt, wird er garantiert aggressiv reagieren und zurückschlagen.
- Zielen Sie auf seine wunden Punkte. Ihren dezenten Hinweis auf seine überflüssigen Pfunde findet er überhaupt nicht spaßig.
- Schieben Sie ihm die Schuld in die Schuhe. Wozu haben Sie denn einen Partner? Der Bundeskanzler kann ja schließlich nicht an allem schuld sein. Sündenböcke können wie wilde Stiere auf andere losgehen.
- Kultivieren Sie Ihre Rachegelüste. Eine Stichelei hier, ein Seitenhieb dort sorgt dafür, dass der andere es Ihnen auch wieder heimzahlen wird.
- Machen Sie den anderen hilflos. Fühlt er sich ohnmächtig ausgeliefert, wird er aggressiv wie ein Raubtier reagieren, das man in die Enge drängt.
- Schüren Sie ein eifersüchtiges Feuer. Ihr Partner wird fürchten, Sie an einen anderen zu verlieren und blind vor Wut durchdrehen.

In der Partnerschafts- und Eheberatung treffe ich häufig auf Paare, die eine ungeheure Wut im Bauch haben. Bei den einen bestimmen andauernde Zwistigkeiten und offen ausgetragene Streitigkeiten den Beziehungsalltag. Nicht nur Liebe, auch Ärger macht blind. Solche Ehepaare wissen noch, wann und wo sie geheiratet haben, aber nicht mehr warum. Andere Paare hegen unter einer sachlich scheinenden Oberfläche tiefen Groll bis ohnmächtige Wut. Was die einen zuviel und zu unkontrolliert ausleben, nämlich ihre aggressiven Gefühle, praktizieren die anderen zu wenig. Die einen betonen zu sehr die Sonnenseite der Gefühle und fürchten sich davor, auch negativen Gefühlen, wie Wut und Ärger einen Raum zu geben. Die anderen beschäftigen sich zu sehr mit der Schattenseite ihrer Gefühle und drängen die positiven Aspekte ihrer Beziehung ins Abseits.

Ich bin überzeugt davon, dass beides elementar zu einer tragfähigen Partnerschaft und Ehe dazugehört: liebevolle Gefühle, zärtliche Blicke, behutsame Gesten, aber auch offen ausgesprochener Ärger, faire Streitgespräche, bei denen es ruhig etwas lauter werden darf.

Die Auswirkungen von verdrängten Aggressionen und heruntergeschluckter Wut sind viel destruktiver und partnerschaftsfeindlicher, als offen und echt ausgesprochener Ärger. Partner dürfen und sollen sich offen die Meinung und Gefühle sagen, solange sie sich noch gut riechen können.

Ich rede nicht einem ungezügelten Austoben von Wutgefühlen das Wort. Niemand hat das Recht dem anderen ohne Rücksicht auf Verluste alles an den Kopf zu schmeißen. Aggressionsgeladene Situationen müssen zunächst entschärft werden, bevor konstruktiv über das gesprochen werden kann, was an Wut oder Ärger im Raum steht. Voraussetzung für eine gute Streitkultur in der Ehe ist eine gereifte Gesprächskultur.

Die folgenden Gesprächsregeln schaffen einen Rahmen, der es ermöglicht, auch negative, ärgerliche Gefühle anzusprechen:

1. Jeder spricht von sich selbst. Du-Botschaften, die anklagen oder Schuld zuweisen, werden durch Ich-Botschaften ersetzt: „Ich fühle mich mit der Kindererziehung überfordert und brauche eine stärkere Entlastung." So nicht: „Du machst mich total wütend, weil du dich nie um die Kinder kümmerst!"
2. Wir bleiben bei einem Konfliktthema, das uns bewegt, und sprechen konkretes Verhalten in einer konkreten Situation an. Wir lassen nicht die Konflikte der letzten zwanzig Ehejahre aufleben. „Ich habe mich vorhin geärgert, als ich alleine den Abendbrottisch abdecken musste, weil du ins Wohnzimmer gegangen bist, um die Nachrichten zu sehen."
3. Wir bemühen uns darum, den anderen zu verstehen, indem wir aufmerksam zuhören und den anderen aussprechen lassen. Wir melden zurück, was wir gehört haben („Habe ich dich richtig verstanden, du fühltest dich ...?").
4. Wir stecken Scheidungsdrohungen, Verallgemeinerungen („mal wieder typisch für dich"), entwertende Äußerungen („mit dir kann man sowieso nicht vernünftig reden") dahin, wo sie hingehören – in den Giftschrank der Kommunikation.

Je erfolgreicher Sie im Alltag diese wenigen Regeln trainieren, umso eher wird es Ihnen gelingen, auch aggressive Gefühle auszusprechen. Streitgespräche werden seltener eskalieren. Aggressive Auseinandersetzungen können Sie sogar als Paar verbinden, weil Sie ihre Zunge besser im Zaum halten können.

Hilfreich für das Gespräch über aggressionsgeladene Themen sind folgende Punkte:

1. Wir gestehen einander unterschiedliche Meinungen und Empfindungen zu. Wir kämpfen nicht um Sieg und Niederlage.
2. Wir klären zunächst Unstimmigkeiten, was unsere Beziehung angeht, bevor wir an die Lösung eines sachlichen Problems herangehen.
3. Wir definieren das Problem, das uns im Moment beschäftigt und stecken nach Möglichkeit einen zeitlichen Rahmen ab. Konfliktgespräche benötigen Anfang und Ende.
4. Wenn einer oder beide sich in einem aggressiven Gefühlsstrudel befinden, stoppen wir das Streitgespräch, um wieder einen kühlen Kopf zu bekommen, greifen dann aber das Konfliktthema erneut auf.
5. Um einem Wutgewitter vorzubeugen, sprechen wir Ärger frühzeitig und offen an. So vermeiden wir Zornesblitze, die sich unkontrolliert entladen.
6. Wir nehmen Groll und bittere Gefühle nicht mit ins Bett, sondern beherzigen den biblischen Rat, die Sonne nicht über unserem Zorn untergehen zu lassen, ohne einander zu verzeihen (Epheserbrief Kapitel 4, Vers 26).
7. Wir feiern Versöhnung mit einer umarmenden Geste oder auch einem guten Schluck Wein.
8. Unser Ziel ist nicht, jedem Streit aus dem Weg zu gehen, sondern angemessen zu streiten.

Mobbing: Psychoterror am Arbeitsplatz

Es beginnt mit harmlosen Sticheleien. Kollegen beginnen zu intrigieren. Erst kommen versteckte Andeutungen, dann folgen offene Drohungen. Das Ziel der Mobbing-Meute ist eindeutig: Sie will den Kollegen loswerden und dazu ist ihr jedes Mittel versteckter und offener Aggression recht. Typische Kennzeichen für Mobbing-Verhalten sind: dem Opfer werden Informationen vorenthalten, es wird wie Luft behandelt, bloßgestellt, einer psychischen Erkrankung verdächtigt, in Fallen gelockt, um Fehler zu provozieren. Selbst vor physischer Gewalt schrecken manche Mobber nicht zurück.

Wer mobbt, fühlt sich bedroht. Der Kollege könnte ihm z. B. den Arbeitsplatz streitig machen oder beim Chef besser ankommen. Wer sich bedroht fühlt, reagiert aggressiv und beginnt einen Nervenkrieg. Ist dann noch der Chef mit involviert, spricht man von „Bossing". Der selbstbewusste Chef reagiert ausgesprochen aggressiv, wenn er sein Selbstwertgefühl gefährdet sieht. Fühlt er seine Leistung angekratzt, reagiert er kratzbürstig und schlägt auf Schwächere ein.

Mobbing-Opfer durchleiden eine regelrechte Aggressionshölle am Arbeitsplatz. Wer über Wochen schikaniert wird, reagiert mit psychosomatischen Beschwerden, wie Panikattacken, Magenproblemen und Schlafstörungen. Mobbing treibt in die Isolation und im schlimmsten Fall sogar in den Selbstmord.

Was können Betroffene tun?

Zunächst einmal müssen sie mögliche Hintergründe des aggressiven Kollegenverhaltens erhellen. Was bezwecken die anderen? Wie sehen sie mich und sich selbst? Wie will ich reagieren?

Mobbing-Opfer benötigen Hilfestellung von außen, um ihre Situation klarer zu sehen und Unterstützung zu mobilisieren. Sie empfinden ihren Arbeitsplatz wie ein Minenfeld, auf dem sie kaum einen Schritt zu gehen wagen und werden von Angst gelähmt. Ansprechpartner können Betriebsräte, Vorgesetzte oder auch Kollegen sein, denen man vertraut. Die Versetzung in eine andere Abteilung oder ein Arbeitsplatzwechsel ist manchmal erträglicher als ein fortwährender Spießrutenlauf. Auch arbeitsgerichtliche Schritte können erforderlich sein. Unabhängig davon sollte der Betroffene möglichst gut für sich sorgen und Körper und Seele Gutes tun.

Zur Mobbing-Vorbeugung zählen persönliche Gespräche mit Kollegen und Chef sowie Regeln für eine gute, kollegiale Zusammenarbeit, die einen gewissen Rahmen für konstruktive Konfliktbewältigung bieten. Nicht zuletzt sollten Kollegen nicht gegeneinander ausgespielt werden, vielmehr sollte man schon Kleinigkeiten frühzeitig im Gespräch klären. Die goldene Regel für einen humanen Umgang am Arbeitsplatz und im Privatleben finden wir in der Bergpredigt Jesu: „So wie ihr von den Menschen behandelt werden möchtet, so behandelt sie auch" (Matthäusevangelium, Kapitel 7, Vers 12).

Hilfen

1. Sie sind für Ihre Gefühle verantwortlich!
Aggressive Gefühle gehören zum Leben dazu. Ärger, Wut und Zorn treten auf. Aber wie Sie mit diesen Gefühlen umgehen, liegt in Ihrer Verantwortung. Nicht die lange Schlange vor der Supermarktkasse, auch nicht der freche Vordrängler ist schuld, wenn Ihnen der Kamm schwillt. Sie haben sich dafür entschieden, sich darüber aufzuregen, darin einen Angriff auf Ihre Person zu sehen und sich mordsmäßig zu ärgern.

Die anderen Menschen tragen für ihr Leben und ihre Gefühlsäußerungen Verantwortung, Sie für die Ihren. Hören Sie auf damit, andere Leute verändern zu wollen, in dem Glauben, Sie würden sich dann besser fühlen. Den einzigen Menschen, den Sie verändern können, sind Sie selbst. So wie der Wüterich gefordert ist, seinen Zorn zu zähmen, muss der allzu Brave üben, Frechheiten herauszulassen. Sie können nicht verhindern, dass Ihnen schon morgen wieder jemand auf die Füße tritt und Sie verletzt, aber Sie können die Verantwortung dafür übernehmen, wie Sie damit umgehen werden.

2. Lokalisieren Sie Ihre Aggressionen!

Jeder Mensch hat im Lauf seines Lebens Kränkungen erfahren. Sie haben Spuren in unserer Seele hinterlassen. Wenn zurückliegende Verletzungen nicht richtig verheilen konnten, reicht in der Gegenwart oft schon ein kleiner Angriff aus, um seelischen Schmerz hervorzurufen.

Wie kommt es, dass Sie immer wieder die gleichen Verhaltensweisen anderer aus der Fassung bringen? Wo sitzt Ihr wunder Punkt im Inneren, der bei Berührung Wutalarm auslöst? Aggressiven Gefühlsreaktionen gehen immer andere Gefühle voraus. Fühlten Sie sich bedroht, ohnmächtig, ausgenutzt, nicht ernst genommen, missbraucht, bevor die Wut in Ihnen aufstieg? Erinnern Sie sich an eine Situation, in der Sie wütend wurden. Was genau ist da passiert? Was wurde bei Ihnen in Gang gesetzt?

Gehen Sie in einer „stillen Stunde" diesen Fragen nach und lernen Sie so, hinter Ihre aggressiven Gefühle zu sehen.

3. Verbalisieren Sie Ihren Ärger!

Keine Frage: Menschen, die Ärger und Wut offen aussprechen, leben gesünder als solche, die alles stillschweigend herunterschlucken. Riskieren Sie lieber einen Wutausbruch als einen Herzinfarkt. Britische Forscher fanden heraus: Nicht offen-aggressive Menschen sind besonders infarktgefährdet, sondern solche, die ihren Ärger beständig in sich hineinfressen. Ihr Risiko, einen Herzinfarkt zu erleiden, steigt auf 75% (Meldung in der Berliner Morgenpost vom 18. September 1998).

Nehmen Sie sich ein Beispiel an Jesus. Er zeigte seinen Zorn offen, etwa beim Rausschmiss der Händler aus dem Tempel in Jerusalem. Und als sein Freund Lazarus gestorben war, reagierte Jesus zornig darüber, dass Menschen dem Tod ohnmächtig ausgeliefert sind (Markusevangelium, Kapitel 11, Vers 15; Johannesevangelium, Kapitel 11, Vers 33). Wenn Jesus Zorn zeigte, dann allerdings nicht mit dem Ziel, einen anderen Menschen fertig zu machen oder sein angeschlagenes Selbstwertgefühl zu verteidigen. Den Händlern im Tempel zeigte er glasklar ihre Grenzen auf. Im Tempel soll Gott verehrt und kein Profit gemacht werden. Seinen Freund Lazarus machte Jesus durch ein Wunder wieder lebendig und demonstrierte, dass er stärker ist als der Tod.

Wenn es gelingt, aggressive Emotionen in vernünftige Worte zu fassen, ist die Versuchung zu versteckt-aggressiven Mitteln zu greifen längst nicht mehr so groß. Und sollte es einmal zu einer verbalen Entgleisung kommen, kann ein „entschuldige, es tut mir Leid" den Ärger des anderen über mich abkühlen.

Dass Menschen mit ihren zornigen Empfindungen bei Gott an der richtigen Adresse sind, zeigen viele Beispiele der alttestamentlichen Psalmen. Sie nehmen in ihren Gesprächen mit Gott kein Blatt vor den Mund, sondern lassen heraus, was ihnen auf die Nerven geht. Sie können ihre verletzten Gefühle beklagen, sich über Ungerechtigkeiten empören und Gott sogar Vorwürfe machen, ohne dass er ihnen den Mund verbietet. Gott wünscht sich weder Duckmäusergebete noch lammfromme Liturgien, sondern Menschen, die ihren Zorn auspacken und mit ihm ihre Probleme tatkräftig angehen.

4. Verlieren Sie nicht den Humor!
Sicher können Sie sich an Gelegenheiten erinnern, in denen eine Prise Humor eine spannungsgeladene Situation entschärft hat. Witz statt Wut ist eine wirkungsvolle Strategie. Mit einer wohlwollend scherzhaften Bemerkung nehmen Sie der Wut den Wind aus den Segeln. In der Paarberatung mache ich die Erfahrung, dass humorlose Paare gefährdete Paare sind. Es gelingt ihnen nicht mehr, in eine hilfreiche Distanz zu ihren Problemen und den damit verbundenen aggressiven Gefühlen zu treten. Ganz anders die Paare, denen es gelingt, über die eigenen Macken und Merkwürdigkeiten zu lachen und die des Partners mit Humor zu nehmen. Ein Schuss Humor hilft, die alltäglichen Unzulänglichkeiten in ein freundlich-wohlwollendes Gefühl zu verwandeln. Aber Vorsicht: Lachen Sie nicht über den anderen, er könnte es Ihnen übel nehmen, sondern lieber mit ihm.

Eine Ehefrau berichtet: „Also, mein Mann und ich, wir haben uns während unserer Ehe kein einziges Mal gestritten. Ich hoffe, die zweite Woche wird genauso gut!"

5. Nehmen Sie nicht jede Kritik persönlich!
Konflikte geraten in dem Moment auf ein destruktives Gleis, wo ein Konfliktpartner sich persönlich angegriffen fühlt. Wenn der Nachbar Sie beispielsweise nicht grüßt oder der Kollege mürrisch dreinschaut, muss Sie das nicht gleich aus der Fassung bringen. Interpretieren Sie nicht mehr in Worte und Verhalten anderer hinein, als tatsächlich dahinter steckt.

Jede Kritik ist letztlich Ausdruck von Wertschätzung. Würde dem Kritiker nichts an Ihnen liegen, würde er Sie wie Luft behandeln. Es liegt vor allem an Ihnen, ob Sie sich durch Kritik zu ärgerlichen oder wütenden Gefühlen hinreißen lassen. Falls sie konstruktiv geäußert wurde, greifen Sie die Punkte auf, die Sie persönlich weiterbringen. Zielte die Kritik unter die Gürtellinie, ist sie es sowieso nicht wert, ernstgenommen zu werden.

Geradezu revolutionär ist ein Rat, den der Apostel Paulus formuliert: „Wenn dein Feind hungrig ist, dann gib ihm zu essen; ist er durstig, gib ihm zu trinken ... Lass dich nicht vom Bösen besiegen, sondern besiege das Böse durch das Gute" (Römerbrief, Kapitel 12, 20f). Es gibt eine Reaktionsweise auf destruktiv-aggressive Menschen. Paulus nennt sie böse, die im Gegensatz zu dem steht, was wir normalerweise machen, nämlich mit Aggression antworten. Sein Rezept lautet: „Gewinne einen feindseligen Menschen, indem du ihm Gutes tust!" Ausprobieren lohnt: Einem der Ärger macht, freundlich lächelnd entgegentreten, den Schreihals ausschreien lassen, um anschließend ruhig darauf zu antworten. Feinde werden im Kampf höchstens besiegt, aber durch Liebe können Sie manchmal als Freunde gewonnen werden. Probieren Sie es einfach aus, reagieren Sie einmal völlig entgegengesetzt und warten Sie ab, was passiert.

6. Betätigen Sie sich nicht als „Ärgerprophet"!
Stellen Sie sich vor: Ihr Partner hat Sie zu einem Shopping-Ausflug überredet. Obwohl Sie schließlich seinem Werben nachgegeben haben, malen Sie sich schon im Vorfeld aus, was alles an Ärgerlichem passieren wird: Endlose Parkplatzsuche, Menschenmassen in der Fußgängerzone, tausend anprobierte Kleidungsstücke und doch nichts Passendes gefunden,

schließlich der unvermeidliche Krach, weil sie nach Hause wollen, aber ihr Partner unbedingt noch in die neue Boutique will. Sie sind ganz auf Ärger programmiert, bevor die Shopping-Tour begonnen hat. Sollte es anders laufen, als in der Ärgerphantasie ausgemalt, haben Sie sich völlig umsonst aufgeregt. Lassen Sie doch einfach unvoreingenommen auf sich zukommen, was kommt und wie es kommt. Dass Sie sich schon im Vorfeld schwarz ärgern, bringt überhaupt nichts, außer einer gereizten Atmosphäre. Denken Sie positiv, und Sie werden deutlich gelassener einem Einkaufsbummel oder anderen Ereignissen gegenüberstehen.

7. Verschieben Sie Ihre Aggressionen nicht auf Schwächere!
Eine kleine Alltagsszene verdeutlicht, was mit Aggressionsverschiebung gemeint ist: „Der Chef bekommt einen Wutanfall und macht Herrn Müller zur Schnecke. Herr Müller gerät in Rage und macht daraufhin zu Hause seine Frau zur Minna. Frau Müller ist außer sich und langt Sohn Axel eine. Axel kocht vor Wut, tritt Harro, den Hund. Harro jault auf, rennt raus und beißt den Nächsten, der vorbeikommt. Es ist der Chef von Herrn Müller" (Aus: Bernd Bierbaum, Zehn Wege zum Glücklichsein, Moers 1996, S. 78).

Weder Ihr Partner noch Ihre Kinder können etwas dafür, wenn Sie nicht den Mut aufbringen, einem vermeintlich Stärkeren Paroli zu bieten. Sie haben kein Recht, Ihre Familie als Müllhalde für Ihre Aggressionen zu missbrauchen. Im Gegenteil: Gerade Angehörige und Freunde sind nötig, um sich im Alltag nicht unterkriegen zu lassen. Kühlen Sie Ihren Zorn ab, statt ihn brühwarm zu Hause auszuschütten. Erzählen Sie ruhig von Ihrem Ärger auf der Arbeit, aber bitte ohne neuen Ärger zu provozieren.

Wenn jemand seinen Ärger grundlos bei Ihnen ablädt und Aggressionen auf Sie verschiebt, bleiben Sie möglichst gelassen. Nicht Ihnen persönlich, sondern dem Chef oder einem anderen Aggressor gilt der Wutausbruch.

8. Gehen Sie toxischen Menschen aus dem Weg!

Die Erfahrung lehrt, dass es Menschen gibt, die nicht gewillt sind, uns fair zu behandeln. Sie können auf einen Mitmenschen treffen, der seine Aggressionen ungezügelt an Ihnen auslässt und selbst trotz deutlicher Worte Ihrerseits nicht damit aufhört, Ihre Grenzen zu überschreiten. Sie fühlen sich durch seine aggressiven Verhaltensweisen wie vergiftet. Dann hilft nur eins: den Kontakt abbrechen, um sich selbst zu schützen. Kein Mensch hat das Recht, Sie als Zielscheibe seiner Aggressionen zu missbrauchen.

Biblische Aussagen zu Ärger, Wut und Zorn

„Lass dich nicht mit einem Jähzornigen ein, halte dich von einem Hitzkopf fern, sonst übernimmst du seine Gewohnheiten und bringst dich selbst zu Fall" (Sprüche 22,24f).

„Wenn ihr zornig seid, dann macht es nicht noch schlimmer, indem ihr unversöhnlich bleibt. Lass die Sonne nicht untergehen, ohne dass ihr euch vergeben habt" (Epheser 4,26).

„Mit Bitterkeit, Jähzorn, Wut, gehässigem Gerede oder anderen Gemeinheiten sollt ihr nichts mehr zu tun haben. Seid vielmehr freundlich und barmherzig, immer bereit, einander zu vergeben, so wie Gott euch durch Jesus Christus vergeben hat" (Epheser 4,31f).

„Seid immer sofort bereit, jemandem zuzuhören; aber überlegt genau, bevor ihr selbst redet. Und hütet euch vor unkontrolliertem Zorn! Denn im Zorn tun wir niemals, was Gott gefällt" (Jakobus 1,19f).

„Weder Neid noch blinder Ehrgeiz sollen euer Handeln bestimmen. Im Gegenteil, denkt von euch selbst gering, und achtet den anderen mehr als euch selbst. Denkt nicht immer zuerst an euch, sondern kümmert und sorgt euch auch um die anderen" (Philipper 2,3f).

Gebet

Gott, manchmal weiß ich nicht, wie ich mit meiner Wut und dem Ärger in mir umgehen soll. Wenn ich mich angegriffen fühle, schlage ich so schnell zurück. Oder ich schlucke meinen Ärger runter. Bei dir, Gott, kann ich aufatmen und ruhig werden. Du verurteilst mich nicht für meine aggressiven Gefühle. Manchmal fühle ich mich ihnen so hilflos ausgeliefert. Ich will lernen, sie in angemessene Bahnen zu lenken. Ich will andere nicht bewusst verletzen und auch nicht an mir selbst schuldig werden.
Amen

Freiwerden von Schuldgefühlen

Plagegeister der Seele

Wer sich im Netz von Schuldvorwürfen und Selbstanklagen verstrickt hat, fühlt sich wie die Fliege im Spinnennetz. Es scheint kein Entrinnen zu geben. Schuldgefühle beißen das Gewissen, quälen die Seele und setzen unter Druck.

Schuldgefühle umgarnen unser Gefühlsleben. Sie schleichen sich still und heimlich in unseren Alltag und ziehen unser Selbstwertgefühl nach unten. Sie heften sich an Gedanken und Gefühle. Ihr Gift lähmt. Schuldgefühle gehören unbestritten zu den Emotionen, die uns das Leben besonders schwer machen können. Selbstvorwürfe und Selbstanklagen können intensive Formen bis zur Selbstzerfleischung annehmen.

Schuldgefühle helfen weder uns selbst noch anderen zu einem ausgeglichenen Leben. Ganz im Gegenteil: Sie bewirken nichts Gutes. Schuldgefühle sind Plagegeister, die Unzufriedenheit stiften und den Gefühlshaushalt furchtbare Torturen durchleiden lassen.

Wenn ich von Schuldgefühlen spreche, meine ich solche Emotionen, bei denen wir uns schlecht, schäbig, unzulänglich und verdammenswürdig vorkommen. Sie entspringen schlechten Gedanken über uns selbst. Wir gehen deshalb so hart mit uns selbst ins Gericht, weil wir einen großen Widerspruch zwischen Wunsch und Wirklichkeit, zwischen Haben und Soll empfinden. Wir erfüllen nicht die Ansprüche, die wir an uns selbst stellen. Zwischen „ich müsste" und „ich bin" liegt eine große Kluft. So resultieren Selbstvorwürfe aus einer feindlichen Gesinnung, die wir der eigenen Person gegenüber einnehmen. Wenn ein Stakkato von Selbstvorwürfen auf uns niederprasselt, lehnen wir nicht nur unser Verhalten, sondern unsere gesamte Person ab.

Schuldgefühle können irren

Wenn wir uns schuldig fühlen, bedeutet das nicht zwangsläufig, dass wir auch schuldig sind. Diese Last falscher Schuldgefühle erleben beispielsweise Frauen, die als Kinder sexuell missbraucht wurden. Rosemarie Steinhage beschreibt die Gefühle betroffener Frauen sehr eindrücklich: „Ihre Schuldgefühle sind vielfältig: Sie glauben, dass es an ihrer Person lag, dass der Vater sie missbrauchte. Irgendetwas an ihrem Körper oder ihrem Verhalten müssen den Vater dazu veranlasst haben. Als Erwachsene werfen sie sich noch vor, die Übergriffe so lange ertragen zu haben. Selbst wenn es keine Gelegenheit gab, der Situation zu entkommen und sie sich auch nicht wehren konnten, machen sie sich Vorwürfe, es nicht geschafft zu haben, den Missbrauch zu beenden ... Besonders groß sind ihre Schuldgefühle, wenn sie als Mädchen materielle Belohnungen für die Handlungen angenommen haben oder wenn die sexuellen Manipulationen ihnen auch Lustgefühle bereitet haben. Das können sich Frauen nicht verzeihen" (Rosemarie Steinhage, Sexueller Missbrauch an Mädchen, Reinbek 1989, S. 27).

Die Verantwortung und damit auch die Schuld liegt allein beim Täter, wie immer auch sich das Kind verhalten haben mag! Mädchen und Jungen sind uneingeschränkt Opfer eines verbrecherischen Umgangs des erwachsenen Täters, der sich an ihren Körpern und Seelen vergangen hat. Dieses Beispiel macht deutlich, wie selbst vollkommen Unschuldige sich schuldig und verabscheuenswert fühlen können.

Umgekehrt gilt: Wer kein Schuldbewusstsein zeigt, ist darum noch lange nicht frei von Schuld. Die Journalistin Jola Merten berichtete in der Berliner Morgenpost vom 22. März 2000 unter der Überschrift „Für elf Mark musste ein Mann sterben" von einer Straftat ohne Reue: „Vier Skinheads vor Gericht, doch sie zeigen keine Reue. ‚Ich kniete nieder und stach dem röchelnden Mann mit dem Küchenmesser zwei-, dreimal in den Hals, die anderen traten ihn. Weil's schneller geht, stach ich in den Hals', sagte der 18-jährige Carsten U. lakonisch. Die Stimme des Maurerlehrlings klingt ruhig und gelassen. Von Reue keine Spur." Zahllose Verbrechen wurden und werden bis heute von Menschen verübt, die glauben im Dienst einer guten Sache das Richtige getan zu haben. Sie zeigen nicht den Anflug eines Schuldgefühls, obwohl sie unfassbare Schuld auf sich geladen haben, für die sie die volle Verantwortung tragen.

Schuld kann vergeben werden

Schuldgefühle sind keine angemessene Antwort auf schuldhaftes Verhalten. Nun geht das Leben nicht ohne Schuld ab. Wir verletzen Menschen oder bleiben ihnen die Liebe schuldig, die sie verdient haben. Nicht nur auf der zwischenmenschlichen Ebene passiert Schuld. Auch auf der vertikalen Ebene, d.h. in der Beziehung zu Gott leben wir im Soll. Die Bibel gebraucht den Begriff Sünde und meint damit, dass wir Geschöpfe den Schöpfer und seine Maßstäbe nicht ernstnehmen und Gott die Liebe schuldig bleiben, die er verdient. Ich finde es bemerkenswert, dass in der Bibel an keiner Stelle von Schuldgefühlen die Rede ist. Sie berichtet von Menschen, die versagt und sich in Schuld verstrickt haben. Aber Schuldgefühle spielen dabei keine entscheidende Rolle.

Die biblische Arznei gegen Schuld heißt Vergebung. Wer bei Gott oder Mitmenschen in der Kreide steht, kann sich seiner Schuld bewusst werden und dazu stehen. Er spricht sie aus, ohne sich herauszureden. Vergebung geschieht, indem der Nächste ihm vergibt und auch Gott ihm die Schuld wegnimmt. Sie ist weggegeben, ausgetilgt, gelöscht. Begangenes Unrecht soll wieder gut gemacht werden, soweit das möglich ist. Nicht zuletzt muss der Schuldige sich auch selbst verzeihen lernen.

Der Schuldner hat weder einen Grund, sich vergebener Schuld länger anzuklagen noch sich schlecht und schuldig zu fühlen. Die gute Nachricht der Bibel lautet: Christus hat für unsere Schuld bezahlt, als er am Kreuz starb. Er hat das Schuldenkonto beglichen. An Christus zu glauben bedeutet, befreit und gelassen zu leben. Insofern dürfte es keine Christen geben, die wie ein personifiziertes Schuldgefühl durchs Leben gehen.

In diesem Kapitel geht es um Schuldgefühle, gegen die kein Kraut gewachsen zu sein scheint. Sie flammen auf, obwohl Sünden vergeben wurden. Sie zwacken das Gewissen, ohne dass in der Realität tatsächlich schuldhaftes Verhalten vorliegt.

Theologisch gesprochen: Christus ist für die Schuld, nicht aber die Schuldgefühle der Menschen gestorben. Um Schuldgefühle angemessen bewältigen zu können, müssen wir uns klar machen, wie und wodurch unser Gewissen geformt wurde.

Gewissensbildung und Schuldgefühle

Schuldgefühle wurzeln in den Prägungen, die wir als Kinder erfahren haben. Kinder erlernen nach folgendem Muster sich unter bestimmten Umständen schlecht, unzureichend und schuldig zu fühlen:

Das Kind tut etwas, was es nicht tun darf. Darauf reagieren die Eltern mit Kritik: „Das ist böse! Das darfst du nicht machen. Wenn du es trotzdem machst, tust du uns weh und wir haben dich nicht mehr so lieb!" Natürlich sprechen Eltern diese Botschaft nicht so unverblümt aus, aber ihre Reaktion auf das kindliche Verhalten drückt Missbilligung und Ablehnung aus. Das Kind bekommt das Gefühl, weniger wert und liebenswert zu sein und durch Liebesentzug für sein „böses" Verhalten bestraft zu werden.

So lernt das Kind die Einstellung: „Wenn ich etwas falsch mache, muss ich dafür bestraft werden. Ich bin ein schlechtes Kind, weil ich meinen Eltern dann weh getan habe." Künftig vermeidet das Kind, etwas Falsches zu tun, um Vater und Mutter nicht zu verletzen. Es will ihre Zuwendung nicht aufs Spiel setzen.

Wenn es aber weiterhin macht, was nicht erlaubt ist, reagiert es mit einem schlechten Gewissen. Es bestraft sich mit Schuldgefühlen, weil es böse und schlimm gehandelt hat. In den ersten Lebensjahren ist die Stimme von Mutter und Vater die „Stimme des Gewissens". Die Eltern beurteilen, was falsch oder richtig ist. Das Kind wird nicht mit einem fertig ausgebildeten Gewissen geboren. Moralische Normen und ethische Maßstäbe werden erst durch die Erziehung vermittelt. Wie es von Natur aus die Fähigkeit zur Sprache mitbringt, so hat es auch ein Gewissen. Wie es durch andere zu sprechen lernt, so wird auch sein Gewissen durch Eltern und Erzieher trainiert. Bewegt es sich in dem gesteckten Rahmen, ist es ein gutes, liebes Kind: Überschreitet es die Grenzen, fühlt es sich schuldig und schlecht.

Regeln vermitteln, ohne Schuldgefühle zu wecken

Natürlich müssen Eltern ihrem Kind klare Grenzen, Maßstäbe und Regeln vermitteln. Nur wenn es bestimmte Regeln gelernt hat, kann es mit seiner Umwelt tragfähige Beziehungen aufbauen. Gebote können lebensnotwendig sein, wie: „Du musst auf den Verkehr achten, wenn du eine Straße überquerst."

Wenn Eltern dagegen mit Schuldgefühlen arbeiten, lernen Kinder nicht wirklich den Sinn von Geboten kennen. Dann handeln sie nicht aus Einsicht, sondern aus Angst vor Ablehnung, nach dem Motto: „Wenn ich etwas falsch mache, reagieren Mama und Papa böse auf mich!"

Unser erwachsenes Gewissen produziert Schuldgefühle nach dem gleichen Muster. Wir glauben zwar in unserem Handeln völlig frei zu sein, aber die Gewissensstimme aus Kindertagen holt uns schnell wieder ein und ruft Schuldgefühle in uns hervor.

Julia, 32, berichtet: „Meine Mutter hat mir immer große Freiheiten gelassen und mir nur selten etwas ausdrücklich verboten. Als es in der Schule mit Klassenfeten anfing, verbot sie mir nicht dorthin zu gehen, aber ich wusste genau, dass ihr das nicht recht sein würde. Sie sagte dann: ‚Wenn du willst, kannst du hingehen, aber es macht mich traurig. Bestimmt wird dort viel Alkohol getrunken und es können Dinge passieren, die nicht so gut sind.' Und was habe ich als Teenager gemacht? Ich bin zu Hause geblieben und habe mich schlecht gefühlt, weil ich dachte, die anderen in der Klasse finden mich spießig. Wenn ich aber doch mal mitgefeiert habe, fühlte ich mich wiederum dafür schuldig, weil ja meine Mutter darüber traurig sein musste. Bis heute fällt es mir schwer, mir bestimmte Freiheiten zu nehmen und mir was zu gönnen, weil sich die alten Schuldgefühle immer noch melden."

Schuldgefühle als Selbstbestrafung

Der Psychologe Lewis Engel und der Medizin-Journalist Tom Ferguson haben ein bemerkenswertes Buch mit dem Titel „Unbewusste Schuldgefühle" veröffentlicht. Die beiden Amerikaner beschreiben, dass Kinder sich unbewusst gegenüber ihren Eltern schuldig fühlen. Sie klagen sich für vermeintliche „Verbrechen" an ihrer Familie an, für die sie mit Schuldgefühlen und dem Verzicht auf Erfolg und Lebensfreude bezahlen müssen.

Die Autoren nennen unter anderem folgende Selbstbestrafungsmechanismen:

„Jemanden ausstechen. Dieses Vergehen kommt vor, wenn man ein anderes Familienmitglied auf irgendeine Weise zu übertreffen versucht. Wenn man sich selbst als glücklicher, erfolgreicher, beliebter oder genussfähiger empfindet als die Eltern oder Geschwister, findet man sich vielleicht des vermeintlichen Verbrechens des Ausstechens schuldig.

Jemanden belasten. Wenn einer oder beide Eltern belastet oder bedrückt scheinen ... denkt man vielleicht, man sei schuld an ihrem Unglück. Man glaubt vielleicht unbewusst, dass die Last der Kindererziehung der Grund für ihr Unglück und ihre Unzufriedenheit war.

Jemanden verlassen. Wenn man das Gefühl hat, den Eltern durch das eigene Erwachsenwerden und Fortziehen den Hauptlebensinhalt genommen zu haben, oder wenn man meint, dass die Eltern ohne einen zutiefst unglücklich sind, fühlt man sich vielleicht schuldig, jemanden, den man liebt, verlassen zu haben.

Grundsätzliche Schlechtigkeit. Negative Botschaften, Misshandlung oder Vernachlässigung haben ein Kind vielleicht zu dem Schluss gebracht, dass etwas grundsätzlich mit ihm nicht stimmt. Noch heute glaubt dieser Mensch vielleicht, dass, gleich wie freundlich und fürsorglich er ist, er eigentlich immer noch hassenswert, abstoßend und nicht liebenswert sei" (Lewis Engel / Tom Ferguson, Unbewusste Schuldgefühle, Zürich 1992, S. 9ff).

Wer sich unbewusst dieser und anderer vermeintlicher Vergehen gegenüber seiner Herkunftsfamilie anklagt, bestraft sich durch Schuldgefühle. Er glaubt, nicht glücklich, erfüllt und erfolgreich leben zu dürfen. Tut er es dennoch, plagen ihn gleich unerträgliche innere Schuldvorwürfe. Betroffene tun beinahe alles dafür, um jede Lebensfreude, den kleinsten Funken Glück, Momente tiefer Zufriedenheit im Keim zu ersticken. Sie büßen für „Verbrechen", die sie aus ihrer ganz persönlichen Sicht heraus begangen haben. In Wahrheit gründen ihre Fehleinschätzungen und die daraus resultierenden Schuldvorwürfe im Miterleben gestörter Familienbeziehungen.

In der Familientherapie können diese Zusammenhänge erhellt und bearbeitet werden. Das in der Familie angeeignete destruktive Muster kann durchbrochen werden, um für eine lebensbejahende Haltung Raum zu schaffen.

Eltern können sowohl ein überängstliches Gewissen mit neurotischen Schuldgefühlen anerziehen, wie auch dazu beitragen, dass ihr Kind gegenüber Recht und Unrecht abstumpft und gewissenlos handelt. Die Herausforderung für Eltern, Erzieher und Gesellschaft besteht darin, Kindern Werte und Maßstäbe für die eigene Lebensgestaltung und ein soziales Zusammenleben zu vermitteln, die sie Verantwortung lehren und einen angemessenen Umgang mit Fehlverhalten ermöglichen.

Gedankenanstöße für Eltern

1. Machen Sie Ihr Kind nicht für Ihre Gefühle verantwortlich. Die Verantwortung tragen Sie allein.
2. Vermitteln Sie klare und verständliche Regeln, die dem Alter Ihres Kindes angemessen sind. Sprechen Sie mit Ihrem Kind über die Folgen, die bestimmte Verhaltensweisen haben: „Wer Diebstahl begeht, wird dafür bestraft."
3. Leben Sie selbst die Maßstäbe, die Sie vermitteln. Sagen Sie nicht „Das tut man nicht!", sondern begründen Sie konkret, warum ein Verhalten unangebracht ist.
4. Nehmen Sie die Bedürfnisse und Wünsche Ihres Kindes aufmerksam wahr. Ermutigen Sie es zu einem eigenen Standpunkt und begleiten Sie es auf dem Weg zu Selbstvertrauen und Unabhängigkeit.
5. Tragen Sie niemals Partnerschaftskonflikte auf dem Rücken des Kindes aus. Es wird sich möglicherweise die Schuld für die Probleme seiner Eltern geben.
6. Sie dürfen Ihr Kind nicht als Partnerersatz benutzen. Besprechen Sie Ihre Probleme mit einem erwachsenen Gegenüber.

7. Haben Sie den Mut, Fehler offen einzugestehen: „Ja, das war mein Fehler. Dich trifft keine Schuld. Es tut mir Leid!"
8. Plagen Sie sich nicht mit falschen Schuldgefühlen, weil Ihre Erziehung nicht perfekt ist. Sie versuchen Ihr Bestes zu geben und arbeiten an Schwächen, die Sie erkannt haben.

Rabenmütter mit Schuldgefühlen

60 % der Mütter in Deutschland stehen ihre Frau im Berufsleben. Viele von ihnen kämpfen mit Schuldgefühlen. Sie glauben ihren Aufgaben im Beruf, als Mutter und Haushaltsvorstand und als Ehepartnerin nicht genügend gerecht zu werden. Kathrin beispielsweise fühlt sich oft als Rabenmutter:

„Seitdem unser Sohn die 1. Klasse besucht und seine jüngere Schwester den Kindergarten, habe ich wieder angefangen in meinem alten Beruf als Krankenschwester zu arbeiten. Bis zu diesem Zeitpunkt mussten wir mit dem Gehalt meines Mannes über die Runden kommen, was nicht immer ganz leicht war. Mein Einkommen ermöglicht uns jetzt, auch mal in Urlaub zu fahren oder etwas Neues zu kaufen. Neben dem finanziellen Aspekt war für mich ein ausschlaggebender Punkt, dass ich sehr gerne als Krankenschwester gearbeitet und den Kontakt zu Patienten und Kollegen sehr vermisst habe. Nun arbeite ich also wieder, werde aber von meinem schlechten Gewissen geplagt. Ich habe jetzt weniger Zeit für die Kinder, manchmal komme ich genervt vom Dienst und habe keine große Lust auf Haushalt, Hausaufgaben und ‚hübsche Ehefrau'. Meine Kinder und auch mein Mann beschweren sich, weil ihrer Meinung nach unser Familienleben darunter leidet. Manchmal befallen mich Zweifel, ob die Entscheidung für den Beruf richtig war, weil sie auf Kosten der Familie geht."

Mütter sind nicht immer schuld

Kathrin beschreibt, was viele Mütter in ihrer Situation empfinden: Mehrfachbelastung durch Kindererziehung, Haushaltsführung, Beruf, Partnerschaft. Sie reibt sich auf, erlebt Stress und vermisst die Unterstützung durch ihre Familie. Dazu kommen ihre Selbstvorwürfe, eine Rabenmutter und schlechte Ehefrau zu sein. Wenn ihr Sohn in der Schule Schwierigkeiten bekommt oder sie an einem sonnigen Wochenende zum Dienst muss, gibt sie sich die Schuld dafür.

Keine Frage, dass es Mütter gibt, die mit ihrer Rolle als Familienfrau rundum glücklich und zufrieden sind. Wie aber kann der Spagat den beruflich und familiär engagierten Müttern gelingen, ohne von Schuldgefühlen geplagt zu werden?

Sie brauchen Unterstützung, d. h. einen Partner, der verständnisvoll ist, bei der Kindererziehung und Hausarbeit mithilft, der anerkennt, dass die Berufstätigkeit nicht nur finanzielle Vorteile bringt, sondern auch das Leben der Frau bereichert und ihr einen wichtigen Horizont offen hält.

Schuldgefühle gegenüber den Kindern können abgebaut werden, indem Mütter sich klar machen, dass ihre Kinder auch ohne einen „24 Stunden-Mutter-Betreuungs-Service" prächtig gedeihen und gerade auch in den Zeiten ihrer Abwesenheit als Mutter sich anderen Menschen zuwenden und wichtige soziale Fertigkeiten erlernen.

Die Doppelrolle kann die Frau belasten, aber auch entlasten. Wenn sie im Beruf ihre Frau steht, stärkt das ihr Selbstvertrauen und wirkt sich positiv auf die Familie aus. Ihr Leben erhält neue Facetten. Sie wird die begrenzte Zeit mit der Familie intensiver nutzen. Amerikanische Langzeitstudien haben gezeigt, dass Kinder berufstätiger Mütter selbstständiger und selbstsicherer sind und bessere Schulleistungen erzielen.

Mütter, die sich für ihre Familie aufopfern und eigene Interessen hintenan stellen, entwickeln auf Dauer Unzufriedenheit, was weder Kindern noch Partner noch ihnen selbst gut tut.

Das schlechte Gewissen als Alibi

Keine Frage, Schuldgefühle sind lästige Quälgeister, die uns das Leben schwer machen können. Andererseits lassen sich Schuldgefühle aber auch für Ziele einsetzen, die uns sehr nützlich sein können. Zum Beispiel Bernd: Er hat den Dreh mit dem schlechten Gewissen gut drauf, ohne dass es ihm wirklich bewusst ist. Seit zehn Jahren hört Ehefrau Nadine das gleiche Versprechen aus seinem Mund: „Ich werde demnächst weniger arbeiten und mir mehr Zeit für dich und die Kinder nehmen. Die Familie soll dann wieder an erster Stelle stehen." Nadine hat den Glauben daran längst aufgegeben, dass ihr Mann tatsächlich die berufliche Bremse zieht und sich mehr um seine Familie kümmert. Bis heute hat Bernd sein gegebenes Versprechen nicht eingelöst, seine Arbeitswut kennt keine Grenzen. Aber dafür hat er wenigstens ein schlechtes Gewissen. Er weiß, was er eigentlich tun müsste und lassen könnte. Weil er seine Vorsätze nicht in die Tat umgesetzt hat, benutzt er Schuldgefühle, um sich herauszureden. Wenn Ehemann und Vater Bernd wirklich mehr Zeit in der Familie und weniger Stunden im Job verbringen wollte, hätte er sein Vorhaben längst realisieren können. So aber benutzt er unbewusst sein schlechtes Gewissen, um sich davor zu drücken, die Prioritäten anders zu setzen.

Schuldgefühle als faule Ausreden

Es ist immer das gleiche Muster, mit dem wir uns herausreden wollen: „Ich müsste mehr Sport treiben." „Ich sollte nicht soviel essen!" „Eigentlich könnte ich mit meinem Partner mal wieder ein Rendezvous haben." Die Liste halbherzig gefasster Vorsätze ist endlos. Es fehlt uns kaum an guten Absichten. Echte Veränderungen bleiben dagegen Mangelware. Schuldgefühle eignen sich hervorragend, um mit unerfüllten Vorsätzen, nicht eingelösten Versprechen und den allerbesten Absichten leben zu können, ohne ernsthaft dafür etwas zu tun. Gewissensbisse dienen als faule Ausrede nach dem Motto: „Ich vernachlässige die Familie, aber ich bestrafe mich dafür wenigstens mit einem schlechten Gewissen."

Schuldgefühle dienen uns so als Mittel zum Zweck. Sie werden unbewusst in Dienst gestellt, um etwas zu erreichen. Die verborgenen Ziele, die mit Schuldgefühlen angesteuert werden, sind vielfältig.

Was können wir mit Schuldgefühlen bezwecken? Einige Beispiele:

Aufmerksamkeit erzielen
Wer beständig darüber klagt, was ihm alles noch nicht gelingt, welche Versäumnisse ihn drücken, der verdient sich eine Runde Mitleid. Oder er fischt nach Komplimenten: „Wie du dich auch aufopferst – einfach bewundernswert!" Wer sich klein macht, will von anderen aufgewertet werden. Schuldge-

fühle kommen gut an. Sie tauchen das „arme Gewissen" in ein sympathisches Licht.

Moralische Überlegenheit
„Ich nehme es besonders genau mit den Geboten", spricht der Super-Moralist und geht mit sich und anderen besonders streng ins Gericht. Seine Mitmenschen sollen erkennen, dass er auch für die kleinste Kleinigkeit ein schlechtes Gewissen bekommt. Er macht aus jeder Mücke einen Elefanten. Letztlich will er durch sein übersensibles Gewissen zeigen, dass er frömmer oder besser ist als andere. Schuldgefühle stehen im Dienst der Überheblichkeit.

Verantwortung ablehnen
Schuldgefühle übernehmen eine Alibifunktion. Aus Angst davor, einen Fehler zu begehen, macht derjenige lieber gar nichts. Er packt die an ihn gestellten Aufgaben nicht an, fühlt sich stattdessen schlecht und schuldig für seine Passivität.

Eine Variante, Verantwortung abzugeben, besteht darin, Gott oder dem Teufel die eigenen Versäumnisse in die Schuhe zu schieben: „Ich würde ja auf den schwierigen Nachbarn zugehen und ich fühle mich auch schlecht dabei, dass wir zerstritten sind, aber Gott hat mir noch nicht die Kraft zur Veränderung gegeben." Oder: „Der Teufel schafft es immer wieder, dass ich mit meiner Frau Streit kriege. Ich fühle mich wirklich als schlechter Ehemann, aber gegen die Macht des Bösen bin ich einfach machtlos."

Diese Schuldgefühl-Tricks sind den Betroffenen meist nicht bewusst. Sie glauben nur zu gerne daran, dass ihnen ihre Schuldgefühle eine echte Entschuldigung bieten. Wer Schuldgefühle als Mittel zum Zweck einsetzt, beraubt sich selbst der

Chance, sein Leben aktiv anzugehen und Schwierigkeiten zu bewältigen.

Das ABC der Schuldgefühle

Falsche Schuldgefühle gründen auf irrigen Selbstgesprächen, die wir führen. Pausenlos beschäftigen wir uns in Gedanken damit, Umstände und Situationen zu bewerten, ohne dass uns das bewusst ist. Schuldgefühle beruhen nicht auf dem, was wir getan oder unterlassen haben, sondern in der Art, wie wir darüber denken. Wer denkt, er habe schuldhaft gehandelt, wird sich automatisch schuldig fühlen, selbst wenn er bei Licht besehen nichts falsch gemacht hat. Jedesmal wenn wir uns schuldig und schlecht fühlen, haben wir zuvor schlecht von uns gedacht. Negatives Denken führt zu negativen Gefühlen.

Ein Beispiel: Pauls Frau ist nach einer schwierigen Herzoperation verstorben. Paul hatte den Eingriff befürwortet und seiner Frau ausdrücklich dazu geraten. Er macht sich im Nachhinein schlimmste Vorwürfe. In seinem Kopf läuft folgendes Selbstgespräch ab: „Hätte ich meiner Frau nicht zur Operation geraten, würde sie noch leben. Ich habe etwas getan, was ich niemals hätte tun dürfen. Ich hätte vorher wissen müssen, dass sie die Operation nicht überstehen wird. Ich hätte nicht auf den Arzt hören sollen."

Paul reagiert mit Schuldgefühlen und steckt voller Selbstanklagen. Er spricht sich schuldig am Tod seiner Frau. Er trägt gefühlsmäßig die Verantwortung. Weil er etwas Unverzeihliches getan hat, verdammt er sich selbst.

Das ABC der Gefühle bei Paul sieht so aus:

A (Auslöser/Situation):
Seine Frau ist gestorben. Er hatte wie auch die Ärzte den Eingriff befürwortet.

B (Bewertung):
Paul glaubt: „Ich habe falsch gehandelt und etwas getan, was ich niemals hätte machen dürfen!"

C (Konsequenz):
Paul fühlt sich schuldig. Er bestraft sich mit endlosen Selbstvorwürfen. Paul verfällt in eine Depression.

Deutlich wird: Der Ehemann fühlt sich nicht schuldig aufgrund der Tatsachen, sondern der durch ihn vorgenommenen Bewertung dieser Tatsachen. Seine Schuldgefühle verstärkt er durch die Schlussfolgerung, er sei schlecht und müsse für sein Fehlverhalten bestraft werden.

Was geschieht, wenn Paul seine Bewertung der vorliegenden Tatsachen korrigiert und beispielsweise folgendes Selbstgespräch führt?

„Der plötzliche Tod meiner Frau hat mich tief erschüttert. Ich habe nicht damit gerechnet, dass sie die Operation nicht überleben wird. Als ich ihr dazu geraten habe, konnte ich das nicht wissen. Ich habe nach bestem Wissen gehandelt und den Rat der Ärzte berücksichtigt. Der Eingriff hatte das Ziel, die Gesundheit meiner Frau wieder herzustellen. Ich darf mir nicht die Schuld an ihrem Tod geben. Ich bin herausgefordert, alleine leben zu lernen. Dass ich mich manchmal schuldig fühle hat nichts damit zu tun, dass ich eine bewusste Schuld auf mich geladen habe."

Diese veränderte Bewertung schafft emotionale Entlastung. Paul kann Trauerarbeit leisten, ohne sich fortwährend verurteilen zu müssen.

Das ABC der Gefühle verhilft zu einer realistischen Einschätzung der Tatsachen, mit denen wir konfrontiert werden. Die Schlüsselfragen, die wir uns stellen müssen, lauten: „Welche Bewertungen haben zu meinen Schuldgefühlen geführt? Entspricht meine Bewertung den Tatsachen und Situationen? Welche Gedanken sind angemessen und welche unangemessen?"

„Nein" sagen ohne Schuldgefühle

Sonja ertappt sich häufig dabei, wie sie anderen zuliebe klein beigibt und eigene Interessen hinten anstellt. Zum Beispiel im letzten Urlaub: „Unsere Urlaubsplanung war abgeschlossen. Zwei Wochen Frankreich mit Freunden, die in unserer Nähe ebenfalls ein Häuschen gemietet hatten. Meine Schwester erfuhr davon und weil sie zur gleichen Zeit mit ihrer Familie in Frankreich Urlaub machen wollte, kam sie auf eine glorreiche Idee und fragte mich: ‚Hast du etwas dagegen, wenn wir unsere Ferien bei euch verbringen? Ist doch bestimmt eine super Sache!' Ich dachte nur: ‚O, nein!' und hörte mich im gleichen Moment ‚Ja!' sagen. Obwohl mir mein Gefühl ein deutliches ‚Nein' signalisierte, lenkte ich widerspruchslos ein. Der Urlaub wurde ein Riesenflop. Ständig fühlte ich mich verpflichtet, meiner Schwester und ihrer Familie gerecht zu werden, ohne unsere Freunde zu vernachlässigen. Wer dabei zu kurz kam, war ich und meine Familie. Schöne Erholung! Ich ärgere mich immer noch schwarz, weniger über meine Schwester, als darüber, dass ich nicht einfach ‚Nein' gesagt habe."

Woran liegt es, dass wir in bestimmten Situationen nicht sagen, was wir denken? Doch nicht, weil wir zu gut für diese Welt sind. Wir fürchten insgeheim abgelehnt zu werden und natürlich die Schuldgefühle, nicht so zu handeln oder so zu sein, wie wir doch bitte schön sein und handeln sollten.

Der Spagat zwischen Wollen und Sollen

Um Schuldgefühle zu vermeiden, schlittern wir in ein Dilemma: Wir wissen, was wir wollen, aber wir wollen andere auch nicht vor den Kopf stoßen. Solange wir glauben, für das Wohlergehen anderer sorgen zu müssen, solange wir meinen, uns dafür aufopfern und es jedem recht machen zu müssen, tappen wir jedesmal neu in die Pflichtfalle. Aus Angst davor, unhöflich und egoistisch rüberzukommen, sagen wir „Ja", sobald ein Wunsch an uns herangetragen wird. Allerdings ärgern wir uns dann über uns selbst. Bei dem Gedanken an ein klares „Nein" beschleichen uns quälende Schuldgefühle, weil wir glauben, lieben Menschen nichts abschlagen zu dürfen.

Everybody's Darling

Wer es immer allen recht machen will, ist letztlich süchtig nach Anerkennung. Everybody's Darling tut niemandem weh, stellt alle zufrieden, reagiert höflich und zuvorkommend, wie die personifizierte Nettigkeit. Das geht nur auf Kosten der eigenen Wünsche und Bedürfnisse. Dabei kann keiner es allen recht machen. Wer immer nur nachgibt, gibt sich selber auf.

Hinter dieser Ja-Sager-Mentalität verbergen sich Selbstunsicherheiten und das unstillbare Bedürfnis nach Liebe und Anerkennung. Fühlten wir uns beispielsweise in unserer Kindheit emotional vernachlässigt, tragen wir ein inneres Vakuum mit uns herum, von dem wir glauben, es müsse durch die Liebe aller anderen Menschen ausgefüllt werden. Wir sind ständig auf der Suche nach Beliebtheitspunkten. Wir werden von der Vorstellung gequält, ein anderer Mensch könnte uns die kalte Schulter zeigen. Darum sagen wir lieber „Ja", selbst wenn wir „Nein" denken.

Oder wir imitieren das elterliche Modell falscher Selbstaufgabe. Wenn sich Vater oder Mutter nicht durchsetzen konnten und aus sozialer Unsicherheit zu allem „Ja und Amen" sagten, lassen wir uns heute auf die gleiche Weise ausnutzen.

Die Fähigkeit, „Nein" zu sagen ohne Schuldgefühle bewahrt vor Ausbeutung, Missbrauch, Ärger und falsch verstandener Selbstverleugnung. Pädagogen weisen zu Recht darauf hin, wie wichtig es ist, dass Kinder frühzeitig lernen, „Nein" zu sagen, um sich vor Übergriffen jeglicher Art zu schützen.

Was können Sie tun, um der Pflichtfalle zu entkommen?

1. Fragen Sie nach den Ursachen. Warum gelingt es Ihnen so schlecht „Nein" zu sagen?
2. Wenn Sie entdecken, dass Sie beinahe süchtig nach Anerkennung sind, gestehen Sie sich diese Tatsache offen ein. Erkennen Sie für sich, dass dieses Ziel unerreichbar bleibt, weil keiner es allen recht machen kann. Auch Sie nicht.
3. Konzentrieren Sie sich auf Beziehungen zu Menschen, von denen Sie gemocht werden, ohne dass Sie etwas dafür tun müssen.
4. Wenn Sie um etwas gebeten werden, lassen Sie sich nicht überrollen. Bitten Sie um Bedenkzeit. So können Sie sich auf Ihre Antwort vorbereiten.
5. Bemühen Sie sich um Klarheit. Was will ich und was will ich nicht?
6. Probieren Sie das „Nein" sagen aus und warten Sie ab, was passiert. Der Bittsteller wird Ihnen nicht an die Gurgel springen.
7. Bleiben Sie freundlich aber bestimmt. „Ich verstehe, dass du Hilfe für den Umzug brauchst, aber ich habe keine Zeit dafür."
8. Bewegen Sie positive Gedanken: „Ich will neue Sicherheit im Umgang mit anderen. Ich bin ein wertvoller Mensch, auch wenn ich ‚Nein' sage. Der andere wird mich deshalb nicht ablehnen. Er wird meine ehrliche Meinung respektieren."
9. Wenn sich nach Ihrem „Nein" Schuldgefühle melden, machen Sie sich klar: „Ich bin nicht verantwortlich dafür, es allen recht zu machen. Ich trage aber die Verantwor-

tung für mein Wohlergehen und habe ein Recht auf eigene Wünsche und Bedürfnisse."
10. Werten Sie jedes ehrliche „Nein" als Erfolg. „Ich freue mich echt, dass ich es fertiggebracht habe, ‚Nein' zu sagen." Lassen Sie sich nicht von Rückschlägen entmutigen. Sie haben auch nicht an einem Tag Laufen gelernt.

Mit Schuldgefühlen manipulieren

Liebe bedeutet nicht, alles für einen anderen Menschen zu tun. Zur Liebe gehört die Abgrenzung. Wenn wir nicht gelernt haben, uns gegenüber anderen Menschen, wie Ehepartner, Eltern oder Chef abzugrenzen, stehen wir in der Gefahr, uns manipulieren zu lassen. Wie Schildkröten ohne einen schützenden Panzer können wir zur Beute des Machtstrebens anderer werden. Verletzt mich mein Gegenüber durch seine Worte oder Verhaltensweisen, ohne dass ich mich klar und deutlich wehre, wird er vermutlich weiter machen, während ich stillschweigend leide. Einen Panzer haben bedeutet: Ich sage, was mir nicht passt. Nun gibt es viele Gründe, genau das nicht zu tun: Ich fürchte mich vor Liebesentzug, ich beiße lieber die Zähne zusammen, als einem anderen weh zu tun, ich will mich nicht schuldig und schlecht fühlen, weil ich nicht auf die Wünsche des anderen eingehe.

Der sicherste Weg einen selbstunsicheren Menschen zu manipulieren besteht in der Schuldgefühl-Taktik. Die sieht so aus: „Vermittle einem Menschen das Gefühl, er müsse sich schuldig fühlen, wenn er nicht tut, was du willst – und er tut alles für dich." Mit diesem Schuldgefühl-Joker trumpft der Manipulierer auf.

Einige Beispiele aus der Trickkiste der Gefügigmacher:

Helfermasche
Die Freundin sagt: „Ich habe immer alles für dich getan. Aber wenn ich dich jetzt einmal um deine Hilfe bitte, dann ..."

Die Freundin manipuliert durch Schuldgefühle. Sie will ihren Willen durchsetzen. Die Botschaft lautet: „Wenn ich alles für dich tue, dann hast du kein Recht, mir eine Bitte abzuschlagen. Tust du es doch, musst du mir gegenüber mit Schuldgefühlen leben." Hilfsbereitschaft ist eine lobenswerte Tugend. Aber sie funktioniert nach dem Freiwilligkeitsprinzip.

Liebeserpressung
Der Ehepartner fordert: „Wenn du mich wirklich liebst, dann erfüllst du mir meinen Wunsch!"

Im Klartext geht es um Erpressung: „Wenn du meinen Wünschen nicht Genüge tust, ist deine Liebe nicht echt, und dafür musst du dich mir gegenüber schuldig fühlen!"

Egoisten-Rüffel
Der Bruder kritisiert: „Du denkst nur an dich. Immer musst du deinen Willen durchsetzen!" Dahinter verbirgt sich der Vorwurf: Wer seinen Willen in die Tat umsetzt, muss ein Egoist sein. Wer lässt sich schon gerne einen Egoisten schimpfen?

Fangarm-Methode
Mutter sagt: „Wenn du mich am Wochenende nicht besuchen kommst, werde ich einsam sein. Wenn mir etwas passiert, ist keiner da, der mir helfen wird!" Wie eine Krake hält die Mutter ihre erwachsene Tochter im Griff. Die wird es kaum wagen, ihre eigene Wochenendplanung umzusetzen. Denn

dann ist sie schuld an der Einsamkeit der Mutter. Mit dem Gefühl, der Mutter könnte etwas passieren, kann sie nicht leben. Also muss sie nachgeben.

Pflichtappell
Ein Mitglied der Kirchengemeinde meint: „Ach, seid ihr auch mal wieder im Gottesdienst!" Die Kirchenbesucher sollen sich gefälligst schuldig fühlen, weil sie schon länger nicht mehr gekommen sind. Dahinter verbirgt sich eine überhebliche Einstellung: „Wir kommen wenigstens unserer Pflicht nach und haben ein gutes Gewissen!" Statt sich über die Gäste aufrichtig zu freuen, wird mit Schuldgefühlen gearbeitet.

Opferhaltung
Eltern klagen: „Wir haben so große Hoffnungen in dich gesetzt, und sind bitter enttäuscht worden!" Der andere bekommt die Verantwortung für eigene negative Gefühle zugeschoben. Er soll sich mies fühlen, weil er nicht die elterlichen Pläne verwirklicht hat. Wessen Opfer sind die Eltern in Wirklichkeit – die des schwarzen Schafes oder der eigenen, überzogenen Erwartungen?

Selbstmorddrohung
Ein Angehöriger droht: „Wenn du mich alleine lässt, dann bringe ich mich um!" Eine Selbstmorddrohung ist die stärkste Waffe, um zu manipulieren. Sie funktioniert, weil keiner mit dem Gefühl leben kann, für den Tod eines anderen verantwortlich zu sein. Die Selbstmorddrohung als Manipulationsmittel greift solange, wie der Bedrohte glaubt, er sei tatsächlich dafür verantwortlich, ob sich der andere etwas antut oder nicht. In Wahrheit ist jeder für sein Leben allein verantwortlich.

Der Psychologe Rolf Merkle kommentiert manipulative Äußerungen illusionslos: „Jeder Mensch versucht für sich das Meiste und Beste herauszuholen. Jeder versucht sich ein möglichst großes Stück vom Kuchen (Glück, Erfolg, Geld usw.) abzuschneiden. Da dies alle versuchen, geraten wir immer wieder mit anderen ins Gehege, die das gleiche wollen. Gelingt es nicht mit fairen Mitteln, das zu bekommen, was man will, oder hat man selbst nicht den Mut, sich ein Stück vom Kuchen abzuschneiden, weil man unsicher ist, dann manipuliert man andere, damit diese es für einen tun. Dann greift man eben zu unfairen Mitteln und verteilt Schläge unter die Gürtellinie. In diesem Kampf bleiben die auf der Strecke, die es nicht verstehen, sich gegen die unfairen Mittel der anderen zu wehren" (Rolf Merkle, Lass dir nicht alles gefallen, Mannheim 1997, S. 103ff).

Liebe ist keine Einbahnstraße

Wenn Sie sich als Opfer emotionaler Manipulationen erleben, machen Sie sich bitte folgende Tatsachen klar: Emotionale Erpressung zielt auf Ihren schwächsten Punkt, die Schuldgefühle. Manipulierer wissen, bewusst oder unbewusst, wie sie Sie dazu bekommen, genau das zu tun, was sie wollen. Das biblische Doppelgebot der Liebe betont, das es auf die Balance zwischen Nächstenliebe und Selbstliebe ankommt: „Liebe deinen Mitmenschen, so wie du dich selbst liebst!" (Markusevangelium, Kapitel 12, Vers 31)

Auf die gleiche Weise, wie Sie einen anderen Menschen lieben und beschützen, dürfen und müssen Sie sich selbst lieben und beschützen. Liebe ist keine Einbahnstraße. Sie gilt

Ihrem Nächsten wie Ihnen selbst. Liebende kommen nicht mit der emotionalen Zwangsjacke daher. Solange Sie aus falsch verstandener Liebe manipulativen Äußerungen erliegen, lassen Sie es zu, dass ein anderer lieblos Ihre Grenzen überschreitet. Er setzt Sie unter Druck. Und Sie sind es selbst, die ihm erlauben, kaltschnäuzig und rücksichtslos mit Ihren Gefühlen umzugehen.

Sechs Hilfen, wie Sie emotionaler Erpressung, Einschüchterungsstrategien und Drohungen entgegentreten können:
1. Nehmen Sie das Recht in Anspruch, sich gefühlsmäßig abzugrenzen. Übernehmen Sie nicht die Verantwortung für die negativen Gefühle der Manipulierer. Sie sind nicht dazu auf der Welt, um für das Glück anderer zu sorgen. Für seine Gefühle ist jeder Mensch selbst verantwortlich.
2. Sagen Sie klar und deutlich, was Sie denken. Geben Sie Ihren Entschluss in Form einer Information weiter: z. B. „Mutter, ich werde kommendes Wochenende mit Freunden verbringen." Bitte nicht so: „Mutter, ich habe schon mal überlegt, ob ich vielleicht, unter Umständen ...!"
3. Überhören Sie versteckte Andeutungen, durch die man Ihnen Schuldgefühle machen will. Gehen Sie nur auf direkt ausgesprochene Bitten im Gespräch ein.
4. Reagiert der Manipulierer mit Schmollen, Rückzug oder Schweigen, dann zeigen Sie Verständnis, ohne von Ihrer Position abzurücken: z. B. „Mutter, ich verstehe, dass du mich gerne am Wochenende bei dir haben willst. Aber ich werde das Wochenende mit Freunden verbringen."
5. Bieten Sie Alternativen an: „Ich habe deinen Wunsch gehört. Mein Wunsch geht in eine andere Richtung ... Ich will mit dir einen Kompromiss finden."

6. Wiederholen Sie solange Ihren Standpunkt, bis der Einschüchterer erkennt, dass es Ihnen ernst ist.

Sexualität und Schuldgefühle

Schuldgefühle können die partnerschaftliche Sexualität stark belasten. Sie trüben den Spaß am Sex, sabotieren die Intimität und töten die Lust. Gewissensbisse und Schamgefühle erwachen immer dann, wenn wir glauben, nicht so zu sein und uns so zu verhalten, wie wir eigentlich sollten. Dahinter verbergen sich irrige Überzeugungen zur Sexualität, wie z. B.:
- Ich empfinde Sex als schmutzig und unanständig.
- Ich muss meinen Partner immer sexuell zufrieden stellen können.
- Weil mir voreheliche sexuelle Erfahrungen Leid tun, muss ich mich selbst mit Schuldgefühlen dafür bestrafen und darf mir keinen Spaß am Sex zugestehen.
- Er muss der perfekte Liebhaber bzw. die optimale Liebhaberin sein.
- Mein Bedürfnis nach sexuellen Aktivitäten darf nicht größer sein als das des Partners.
- Ich darf im Bett nicht versagen.
- Ich darf keine erotischen Phantasien hegen.
- Ich vernachlässige die Kinder, wenn ich intime Stunden mit dem Partner verbringe.

Um herauszufinden, woher diese Schuldgefühle rühren, müssen wir herausfinden, was unser Denken über Sexualität maßgeblich geprägt hat.

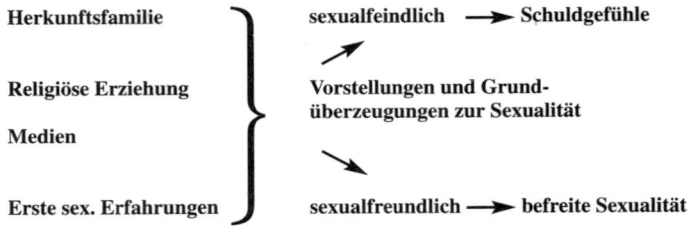

Herkunftsfamilie und Sexualität

Das „Kursbuch Kinder" beschreibt die Rolle unserer Eltern treffend: „Eltern sind lange Zeit Mittelpunkt der sexuellen Entwicklung des Kindes: Sie werden begehrt, als Vorbild vergöttert, als Konkurrent gehasst. Für die Kleinen kennen die Großen alle Geheimnisse der Liebe, und dementsprechend werden sie beobachtet: Wie sie lieben, entscheidet mit darüber, wie ihre Sprösslinge lieben werden" (Kursbuch Kinder, Köln 1993, S. 314).

Welche Überzeugungen haben wir in Kindheit und Jugend herausgebildet, die heute zu Schuldgefühlen in der partnerschaftlichen Sexualität führen?

- Wie wurde in meiner Herkunftsfamilie über Sex gesprochen?
- Habe ich meine Eltern zärtlich umschlungen gesehen oder passierten Zärtlichkeiten nur hinter verschlossener Tür?
- Welches Frauenbild und welches Männerbild wurden mir vermittelt?
- Respektierten oder verletzten meine Eltern meine Schamgrenzen?

Eine junge Mutter erinnert sich: „Meine Eltern schalteten jedesmal peinlich berührt den Fernseher auf ein anderes Programm um, sobald eine erotische Szene gezeigt wurde. Einer der Lieblingssprüche meiner Mutter lautete: ‚Pass ja auf, Männer wollen immer nur das Eine. Komm mir bloß nicht mit einem Kind nach Hause!'"

Worte und Erfahrungen in der Herkunftsfamilie wirken mächtig bis ins Erwachsenenleben nach. Wer beispielsweise in seinem Elternhaus aus falsch verstandener Scham nur das große Schweigen zum Thema Sex erlebt hat, wird sich in der eigenen Partnerschaft möglicherweise gehemmt gegenüber erotischen Themen zeigen. Sexuelle Bedürfnisse und Konflikte bleiben dann unausgesprochen.

Wer den Eindruck gewonnen hat, dass sich die Eltern asexuell und lustfeindlich verhielten, kann daraus die unbewusste Schlussfolgerung für sich selbst gezogen haben: „Die sexuelle Erfüllung, die meine Eltern nicht erlebt haben, darf ich mir auch nicht zugestehen. Ich darf mir nur soviel sexuelles Vergnügen gönnen, wie sie sich zugebilligt haben. Mein Liebesglück muss in den gleichen Grenzen bleiben, wie das der Eltern. Geht es aber darüber hinaus, muss ich mich schlecht und schuldig fühlen."

Religiöse Erziehung

In christlichen Gemeinden ist in den letzten Jahren eine erfreuliche Offenheit gewachsen, über Sexualität zu sprechen und seelsorgliche Aspekte zu vermitteln. Das war nicht immer so. Manche haben in einem christlich geprägten Elternhaus erlebt, wie Gott vor allem als „Moralapostel" verkündigt wurde, dem es Vergnügen bereitete, mit dem erhobenen Zeigefinger jeden Spaß an der Geschlechtlichkeit zu verderben. In manchen Gottesdiensten wurden Moralpredigten gehalten, statt darüber zu sprechen, wie heranwachsende Männer und Frauen mit ihren Gefühlen und Bedürfnissen auf eine angemessene Weise leben und lieben lernen. Häufig wurden sexuelle Themen aus der Abgrenzung behandelt, was alles nicht erlaubt und schädlich ist, statt Sexualität einen positiven Rahmen zu geben, wie es die Bibel tut. Für zwei die als Eheleute in Treue verbunden sind, ist alles erlaubt, was beiden Spaß macht, wozu beide ja sagen und was keinen Dritten verletzt.

Sexuelle Ersterfahrungen

Erste Erfahrungen mit dem eigenen und dem anderen Geschlecht prägen sich tief ein. Doktorspiele, die erste Regelblutung, der erste Samenerguss, erste Küsse und Geschlechtsverkehr. Je mehr diese Ersterfahrungen mit Angst und Schuldgefühlen besetzt sind, um so negativer können sie sich auf das spätere Liebesleben auswirken.

„Wir sind jetzt drei Jahre verheiratet und haben ganz schön mit Problemen beim Sex zu kämpfen. Irgendwie habe ich mir das alles anders, schöner und erfüllender vorgestellt. Manchmal beschleicht mich das Gefühl, es könnte daran liegen, weil ich vor unserer Ehe mehrere Beziehungen zu Männern hatte und Gott mich jetzt dafür straft. Ich bin in einem christlichen Elternhaus groß geworden. Für mich war klar: Ich warte bis zur Ehe. Aber das habe ich nicht durchgehalten. Das Gefühl, schuldig zu sein, begleitet mich bis heute, obwohl ich doch verheiratet bin und keinen Grund dazu habe" (Constanze, 25 Jahre).

Negative sexuelle Prägungen sind kein Schicksal

Unsere Einstellung zu Lust und Liebe wurde nachhaltig geprägt, positiv wie negativ. Je sexualfeindlicher wir erzogen wurden, umso wahrscheinlicher haben wir heute mit Schuld- und Schamgefühlen zu kämpfen. Was wir verinnerlicht haben, wirkt in Form von Gewissensbissen, Ängsten und Hemmungen nach. Die wirklich gute Nachricht lautet: Sie können negativ erfahrene Prägungen verändern. Irrige Überzeugungen lassen sich korrigieren. Sich selbst und Ihrer Ehe zuliebe können Sie etwas für ein von Schuldgefühlen befreites Liebesleben tun. Decken Sie sexualfeindliche Einstellungen auf und ersetzen Sie diese durch neue Einsichten. Beispielhaft stelle ich einige typische destruktive und konstruktive Anschauungen gegenüber. Wenn Sie auf der linken Seite Aussagen entdecken, die Sie – vielleicht unbewusst – immer für wahr gehalten haben, machen Sie sich die entsprechenden Wahrheiten auf der gegenüberliegenden Seite klar:

Sexualfeindliche Überzeugungen, die Schuldgefühle produzieren	Sexualfreundliche Überzeugungen, die von falschen Schuldgefühlen befreien
Sex ist schmutzig, verdorben und verwerflich.	Sex ist Geschenk des Schöpfers an mich und meinen Partner, um unsere Beziehung zu beglücken und zu bereichern.

Sexualität ist ein Problem.	Sexualität ist eine schöpferische Kraft der partnerschaftlichen Liebe.
Ich schäme mich für meine sexuelle Lust und darf mich ihr nicht hingeben.	In Liebe und Vertrauen zum Partner darf ich mich völlig gehen lassen. Meine erotische Lust brauche ich nicht zu verstecken.
Geschlechtsverkehr dient nur zur Zeugung von Kindern.	Sexualität darf auch ohne Zeugungsabsicht Spaß machen.
Sexuelle Lust ist nicht wirklich gut, sondern letztlich verwerflich.	Ich kann mich über meine sexuelle Erregung freuen, weil ich als Mann bzw. Frau so reagiere, wie Gott sich das ausgedacht hat.
Sexuelle Experimente sind schädlich.	Mit meinem Ehepartner ist alles erlaubt, was uns beiden Spaß macht und niemanden verletzt.
Über Sex spricht man nicht.	Wir dürfen und sollen offen über unsere Sexualität sprechen.
Sexuelle Phantasien sind immer sündig und abzulehnen.	Ich darf mit meinem Partner über meine Wünsche und Träume in sexueller Hinsicht sprechen. Das bedeutet nicht, sie auch in die Tat umzusetzen.

Biblische Aussagen zu Schuld und Vergebung

„Ja, der Herr wird wieder Erbarmen mit uns haben und unsere Schuld auslöschen. Er wirft unsere Sünden ins tiefste Meer" (Micha 7,19).

„Wenn wir aber unsere Sünden bereuen und sie bekennen, dann dürfen wir darauf vertrauen, dass Gott seine Zusage treu und gerecht erfüllt: Er wird unsere Sünde vergeben und uns von allem Bösen reinigen" (1. Johannes 1, 9).

„Vergib uns unsere Schuld, wie wir denen vergeben, die uns Unrecht getan haben" (Matthäus 6,12).

„Doch auch, wenn unser Gewissen uns anklagt und schuldig spricht, dürfen wir darauf vertrauen, dass Gott größer ist als unser Gewissen. Er kennt uns ganz genau" (1. Johannes 3,20).

Gebet

Gott, ich danke dir dafür, dass du mir in Jesus Christus die Hand zur Versöhnung entgegenstreckst. Bei dir ist viel Vergebung. Ich bitte dich, die Schuld von mir wegzunehmen, die ich auf mich genommen habe. Ich danke dir für deine Vergebung. Manchmal spüre ich, wie mich mein Gewissen trotzdem weiter quält und falsche Schuldgefühle mich fertigmachen. Hilf mir dabei, falsche Schuldgefühle zu überwinden und befreit zu leben. Gib mir die Kraft, anderen liebevoll zu begegnen, aber auch gut auf mich selbst aufzupassen und liebevoll mit meiner Person umzugehen.
Amen

Schulungsangebote des Autors

Neben meiner therapeutischen Arbeit als Seelsorger, Paar- und Familientherapeut halte ich Vorträge und führe Seminare durch mit folgenden Themenschwerpunkten:

>   Ehe und Partnerschaft
>   Kommunikationstraining für Paare
>   Sexualität
>   Kindererziehung
>   Seelsorge

In der Beratung von Wirtschaftsunternehmen engagiere ich mich im Coaching von Führungskräften und biete Workshops an mit den Schwerpunkten:

>   Kommunikation
>   Mitarbeitermotivation
>   Konfliktbewältigung
>   Mobbing
>   Unternehmenskultur

Ihre Meinung zu meinem Buch „Gefühle sind veränderbar" interessiert mich. Ich freue mich über Ihr Feedback. Welche Aussagen empfanden Sie besonders hilfreich? Zu welchen Themen hätten Sie sich noch mehr Anregungen gewünscht?

Bitte wenden Sie sich an folgende Adresse:
Matthias Hipler
Talstraße 5
56281 Emmelshausen
e-mail: Hipler@aol.com